Nachhaltige Entwicklung

*Wirtschaft, Gesellschaft, Umwelt
im Zusammenhang betrachtet*

OECD

ORGANISATION FÜR WIRTSCHAFTLICHE ZUSAMMENARBEIT UND ENTWICKLUNG

Die OECD ist ein in seiner Art einzigartiges Forum, in dem die Regierungen von 30 demokratischen Staaten gemeinsam daran arbeiten, den globalisierungsbedingten Herausforderungen im Wirtschafts-, Sozial- und Umweltbereich zu begegnen. Die OECD steht auch in vorderster Linie bei den Bemühungen um ein besseres Verständnis der neuen Entwicklungen und der dadurch ausgelösten Befürchtungen. Sie hilft den Regierungen dabei, diesen neuen Gegebenheiten Rechnung zu tragen, indem sie Untersuchungen zu Themen wie Corporate Governance, Informationswirtschaft oder Probleme der Bevölkerungsalterung durchführt. Die Organisation bietet den Regierungen einen Rahmen, der es ihnen ermöglicht, ihre Politikerfahrungen auszutauschen, nach Lösungsansätzen für gemeinsame Probleme zu suchen, empfehlenswerte Praktiken aufzuzeigen und auf eine Koordinierung nationaler und internationaler Politiken hinzuarbeiten.

Die OECD-Mitgliedstaaten sind: Australien, Belgien, Dänemark, Deutschland, Finnland, Frankreich, Griechenland, Irland, Island, Italien, Japan, Kanada, Korea, Luxemburg, Mexiko, Neuseeland, die Niederlande, Norwegen, Österreich, Polen, Portugal, Schweden, Schweiz, die Slowakische Republik, Spanien, die Tschechische Republik, Türkei, Ungarn, das Vereinigte Königreich und die Vereinigten Staaten. Die Kommission der Europäischen Gemeinschaften nimmt an den Arbeiten der OECD teil.

Über die OECD-Veröffentlichungen finden die Arbeiten der Organisation weite Verbreitung. Letztere erstrecken sich insbesondere auf Erstellung und Analyse statistischer Daten und Untersuchungen über wirtschaftliche, soziale und umweltpolitische Themen sowie die von den Mitgliedstaaten vereinbarten Übereinkommen, Leitlinien und Standards.

> *Das vorliegende Dokument wird unter der Verantwortung des General-sekretärs der OECD veröffentlicht. Die darin zum Ausdruck gebrachten Meinungen und Argumente spiegeln nicht zwangsläufig die offizielle Einstellung der Organisation oder der Regierungen ihrer Mitgliedstaaten wider.*

Originalfassungen veröffentlicht unter dem Titel:
Sustainable Development
Le développement durable

Übersetzung durch den Deutschen Übersetzungsdienst der OECD.
Korrigenda zu OECD-Veröffentlichungen sind verfügbar unter: *www.oecd.org/editions/corrigenda*.
© OECD 2008

Vorwort

Seit die Brundtland-Kommission 1987 ihren wegweisenden Bericht veröffentlichte, haben wir in unseren Überlegungen zur nachhaltigen Entwicklung große Fortschritte erzielt. Selten werden ihre Grundprinzipien noch angezweifelt: dass unsere Handlungen den Auswirkungen auf Umwelt, Wirtschaft und Gesellschaft Rechnung tragen müssen und dass unser heutiges Handeln nicht das Wohlergehen künftiger Generationen gefährden sollte.

In den letzten zwanzig Jahren wurden bemerkenswerte Fortschritte erzielt. Die meisten Regierungen haben damit begonnen, nachhaltige Entwicklung in ihre Planung und Politik zu integrieren. Auf der ganzen Welt haben proaktive Unternehmen ihre Produkte und Prozesse nachhaltig gestaltet. Lokale Initiativen haben die Bürger mit Erfolg darüber informiert, wie wichtig es ist, sich an Abfallreduzierung, Erneuerung des städtischen Raums und anderen Programmen zu beteiligen.

Trotz dieser Bemühungen hat sich die Umsetzung der Prinzipien der nachhaltigen Entwicklung in die Praxis als schwierig herausgestellt. Schließlich haben sowohl Menschen als auch Institutionen ihre Angewohnheiten, und diese zu ändern kann eine große Herausforderung darstellen, selbst wenn die Notwendigkeit offensichtlich ist. Eine der Hauptfragen bleibt, ob wir bereits genug Fortschritte erzielt haben, ob wir die Warnungen ernst genug genommen haben, um unsere größten, drängendsten Probleme zu erfassen und uns ihnen zu stellen.

Es gibt eindeutige Beweise für den Klimawandel, Projektionen lassen eine Zunahme extremer Umweltereignisse erwarten, mit potenziell verheerenden Folgen für die Systeme, die das Fundament menschlichen Lebens und der Gesellschaft insgesamt bilden. Ungefähr die Hälfte der Weltbevölkerung lebt noch immer von weniger als 2,50 US-$ am Tag, hat keinen Zugang zu sauberem Wasser, kommunalen Diensten, adäquater medizinischer Versorgung und Bildung – ein inakzeptabel starker Kontrast zu den wesentlich höheren Lebensstandards in den

Industriestaaten. Manche aufstrebenden Volkswirtschaften wie China und Indien wachsen in schnellem Tempo, was zu größerem Reichtum führt, aber auch zu stärkerer Nachfrage nach Energie und größeren Problemen mit Umweltverschmutzung. Wenn nachhaltige Wachstumslösungen gefunden werden, könnte dies dazu beitragen, die Armut zu mindern, die Entwicklung zu fördern und die Umwelt zu schützen. Zur Durchsetzung solcher Lösungen sind politischer Wille und globale Zusammenarbeit notwendig.

Die OECD steht bei den Bemühungen um die Förderung der nachhaltigen Entwicklung seit langem an vorderster Front. Wir haben umfassende Forschungsarbeiten zu den Herausforderungen der Nachhaltigkeit unterstützt und sind seit langem aktiv darum bemüht, vorbildliche Verfahren in Bereichen wie nachhaltige Produktion und nachhaltiger Verbrauch sowie Messung nachhaltiger Entwicklung zu erarbeiten. Eine der großen Herausforderungen liegt in der politischen Kohärenz – sicherzustellen, dass unterschiedliche Politiken und Verfahren sich gegenseitig unterstützen, um ein Ziel zu erreichen. Diese Kohärenz in unseren Politiken und Institutionen zu erreichen, ist für wirklichen und dauerhaften Fortschritt unerlässlich. Mit ihrer langjährigen Erfahrung in Forschung, Analyse und internationaler Zusammenarbeit kann die OECD Politikoptionen anbieten, um diesen Herausforderungen zu begegnen.

Ziel der *Insights*-Reihe ist die Förderung einer sachkundigen Debatte über einige der wichtigsten Themen, die unsere Gesellschaften und Wirtschaftssysteme heute beschäftigen. Für einen wirklich sinnvollen Dialog können wir uns nicht mit reinem Meinungsaustausch zufrieden geben – unabhängig davon, wie standhaft die jeweiligen Ansichten auch verteidigt werden mögen –, sondern müssen Fakten und Zahlen berücksichtigen. Wir müssen auch den Fachjargon hinter uns lassen. Schließlich ist es ein solch integrativer und breitgefächerter Dialog, der die von einer möglichst breiten Mehrheit unterstützten Entscheidungen und die besten Ergebnisse hervorbringen wird.

Angel Gurría
OECD-Generalsekretär

Dank

Die Autorinnen bedanken sich herzlich bei Patrick Love für seinen redaktionellen Beitrag und bei den nachstehenden Personen für ihre substanzielle Unterstützung und ihren Rat:

Nick Bray, Emmanuel Dalmenesche, Adeline Destombes, Jeremy Hurst, Enrico Giovannini, Brian Keeley, Kumi Kitamori, Katherine Kraig-Ernandes, Vincent Koen, Raili Lahnalampi, Wilfrid Legg, Lorents Lorentsen, Marco Mira d'Ercole, Thorvald Moe, Helen Mountford, Christoph Müller, Mario Pezzini, Candice Stevens, Ton Boon von Ochssee.

Anmerkung zu den Währungsangaben

Sofern nicht anders angegeben, sind die Währungsangaben in US-Dollar.

INHALTSVERZEICHNIS

1

Das Leben beruht auf einem komplexen Katalog von Interaktionen zwischen Menschen, Umwelt und Wirtschaftssystemen. Das beispiellose Wachstum, das während des 20. Jahrhunderts zu beobachten war, hat diese Zusammenhänge sowohl positiv als auch negativ beeinflusst. Die Umwelt wird durch eine extrem hohe Verschmutzung stark belastet. Das Wirtschaftswachstum hat einigen Teilen der Erde zu immensem Wohlstand verholfen, während andere leer ausgingen. Es ist dringend erforderlich, dass wir verstehen, welches die wesentlichen Elemente für den Erhalt gesunder Gesellschaften und eines gesunden Planeten sind.

Am Scheideweg

Zur Einleitung ...

Dreitausendsiebenhundert Kilometer westlich von Chile und mehr als 2 000 Kilometer östlich der polynesischen Pitcairninseln liegt eine Insel, die seit Jahrhunderten starkes Interesse weckt, nicht wegen ihres äußerst angenehmen Klimas oder ihrer unberührten Schönheit, sondern weil sie ein Geheimnis birgt. Rapa Nui oder die Osterinsel, wie sie im 18. Jahrhundert von den holländischen Entdeckern genannt wurde, zieht Wissenschaftler aus der ganzen Welt an, die kommen, um die Steinstatuen, die sogenannten Moai, zu erforschen.

Die schiere Größe der Moai fasziniert und versetzt in Erstaunen wie die Pyramiden des alten Ägyptens. Diese gigantischen Monolithen, die bis zu 270 Tonnen wiegen und bis zu 21 Meter hoch sind, beeindrucken durch ihre übergroßen menschlichen Gesichter, die über die isoliert gelegene Insel und Tausende Kilometer Ozean hinwegblicken. Wir bestaunen die Bauweise und fragen uns, wie es die Steinzeit-Polynesier geschafft haben, solch kolossale Strukturen ohne den Einsatz von Kränen, Metallwerkzeug und Zugtieren zu errichten. Die Herstellung so großer und so sorgfältig ausgeführter Statuen deutet auf die Existenz einer vielköpfigen, kreativen und komplexen Gesellschaft hin – einer Gesellschaft, die wohlhabend genug war, um eine Handwerkerschicht zu unterhalten. Die damaligen Bewohner der Insel konnten es sich leisten, Zeit und Ressourcen für die verschiedenen Aktivitäten aufzuwenden, die mit der Bearbeitung, dem Transport und der Aufrichtung Hunderter von Statuen verbunden waren.

Oder konnten sie es etwa nicht? Europäische Forschungsreisende, die die Insel im 18. und 19. Jahrhundert besuchten, fanden eine Bevölkerung von nur einigen Tausend Menschen vor – einen kleinen Rest der Gesellschaft, die die Statuen erbaut hatte. Etwas hatte das Leben auf Rapa Nui dramatisch verändert.

Die früher noch von subtropischem Wald bedeckte Insel war völlig abgeholzt, mindestens 22 Baum- und Pflanzenarten waren ausgestorben. Die meisten natürlichen Nahrungsquellen waren verschwunden – infolge zu intensiver Jagd verblieben auf der Osterinsel fast keine wilden Vogelarten. Ohne Bäume, um Kanus zu bauen, war der Fang großer Fische im offenen Meer unmöglich, und so blieb nur der Fisch, der direkt vor der Küste gefangen werden konnte. Befunde zeigen, dass auch diese Fischbestände bald erschöpft waren. Was war es, das die Gesellschaft der Osterinsel dem Untergang nahe gebracht, die Bevölkerung nahezu ausgelöscht und der kulturellen und kreativen Blütezeit ein Ende gesetzt hatte? In seinem Buch *Kollaps* stellt Jared Diamond ein Szenario dar, in dem die Bevölkerung die Ausbeutung der ihr zur Verfügung stehenden Ressourcen über die Grenzen des Tragbaren hinaus fortsetzte, wobei erschwerend hinzu kam, dass die ökologische Anfälligkeit ihres Lebensumfelds die Gefahr dauerhafter Zerstörung barg. Der genaue Grund der Entwaldung ist noch immer umstritten. Die Bäume wurden gefällt, um Holz für die Rollen und

Balken zu gewinnen, die für den Transport der Statuen erforderlich waren. Der Wald wurde gerodet, um die landwirtschaftlichen Nutzflächen auszudehnen. Außerdem wurden Bäume für die Holzkohleherstellung verbrannt.

Eine andere Hypothese ist, dass die Ratten, die von den ersten Siedlern auf die Insel gebracht wurden, die Samen der Bäume auffraßen. Der Zusammenbruch der Osterinsel hat eine Vielzahl von Studien und Analysen inspiriert – u.a. weil sich Inseln für interessante Fallstudien eignen, da sie einer Art geschlossenen Petrischale gleichen, in der Ursache und Wirkung untersucht werden können. Die Osterinsel fasziniert aber auch auf Grund des Ausmaßes ihrer Verwüstung; so sieht Diamond „ein Bild, das im gesamten Pazifikraum einen Extremfall der Waldzerstörung darstellt und in dieser Hinsicht auch in der ganzen Welt kaum seinesgleichen hat." Lassen sich aus dieser Erfahrung Erkenntnisse ableiten, die für die heutige Welt von Bedeutung sind? Wenn ja, was können wir aus der Geschichte der Osterinsel lernen?

Die Beziehung zwischen Mensch und Umwelt beruht von jeher auf Geben und Nehmen. Die Osterinsulaner nutzten ihre Umgebung zur Deckung ihrer materiellen und kulturellen Bedürfnisse auf dieselbe Art und Weise, wie es alle menschlichen Gesellschaften tun – aber entweder sahen sie kein Erfordernis, ihre Lebenssysteme im Gleichgewicht zu halten, z.B. sicherzustellen, dass neue Bäume nachwuchsen, wenn alte Bäume gefällt wurden, oder sie schenkten diesem Erfordernis keine Beachtung. Wenn die Verbrauchsrate einer Ressource deren Erneuerungsrate übersteigt, wird diese Ressource immer knapper und verschwindet schließlich ganz, was zu Lasten aller Menschen, Tiere und Pflanzen geht, die von ihr abhängig sind.

Die Frage des Gleichgewichts – des Ausgleichs zwischen der Nutzung einer Ressource und ihrer Erneuerung, der Umweltverschmutzung und ihren Effekten auf die Ökosysteme – ist äußerst wichtig, um die Herausforderungen unserer Welt zu verstehen. Selbst die CO_2-Emissionen, über die heutzutage alle besorgt sind, erfüllen einen nutzbringenden Zweck: Sie fördern das Wachstum der Pflanzen, die sie absorbieren. Allerdings nur, solange das Gleichgewicht stimmt. Das in die Atmosphäre ausgestoßene Kohlendioxid darf nicht die Menge überschreiten, die durch Photosynthese aufgenommen werden kann. Zu Problemen kommt es, wenn das Verhältnis aus dem Gleichgewicht gerät, wenn z.B. übermäßige CO_2-Emissionen nicht mehr von Ozeanen, Pflanzen und anderen sogenannten Kohlenstoffsenken absorbiert werden können und somit zum Klimawandel beitragen.

Die Notwendigkeit der Wahrung des systemimmanenten Gleichgewichts ist ein wichtiges Konzept, dessen Bedeutung über Fragen des Umweltschutzes hinausgeht. Man denke an das demografische Gleichgewicht in einer Gesellschaft, an das Zusammenwirken zwischen Geburten, Todesfällen, Fort- und Zuzügen. So brauchen wir für unsere Volkswirtschaften z.B. ausreichend junge Arbeitskräfte, um die Beschäftigten zu ersetzen, die aus Altersgründen aus dem Erwerbsleben ausscheiden, und um deren Rente zu finanzieren. Zudem fragt sich auch, wie es um die gesellschaftliche Stabilität bestellt ist, wenn sich der Großteil der Ressourcen in den Händen weniger befindet, während andere leer ausgehen.

Bis 2050 wird die Weltbevölkerung voraussichtlich [um rd. 2 Milliarden] zunehmen. Dieses Wachstum wird in fast vollem Umfang von den Entwicklungsländern Asiens und Afrikas ausgehen, wodurch die Ressourcen und Systeme, die bereits in vielen Fällen unzureichend sind, zusätzlich strapaziert werden.

Emerging Risks in the 21st Century: An Agenda for Action

◗ Das vorliegende Kapitel befasst sich zunächst mit dem gegenwärtigen Zustand der Welt. Dabei geht es insbesondere um den materiellen Fortschritt, den das Industriezeitalter mit sich gebracht hat, sowie dessen Bedeutung für unser tägliches Leben. Anschließend wird die Kehrseite der Medaille aufgezeigt: die sozialen und wirtschaftlichen Ungleichheiten sowie die negativen Umwelteffekte. Zuletzt wird erörtert, in welche Richtung wir steuern und welche Fragen wir uns hinsichtlich der Nachhaltigkeit unserer Gesellschaften stellen sollten.

Wo stehen wir heute?

Im statistischen Durchschnitt gesehen ist die Welt heute ein Ort des Wohlstands. Das Wachstum war in der zweiten Hälfte des 20. Jahrhunderts höher als je zuvor. Die Durchschnittseinkommen haben sich seit 1820 auf das Achtfache erhöht, während die Bevölkerung auf das Fünffache gestiegen ist.

Die Weltwirtschaft verzeichnete im letzten halben Jahrhundert bessere Ergebnisse als je zuvor in der Vergangenheit. Zwischen 1950 und 1998 erhöhte sich das weltweite BIP um das Sechsfache mit einer jahresdurchschnittlichen Zuwachsrate von 3,9% im Vergleich zu 1,6% im Zeitraum 1820-1950 und 0,3% im Zeitraum 1500-1820.

Die Weltwirtschaft: Eine Millenniumsperspektive

Die globale Lebenserwartung bei der Geburt lag 1800 bei etwa 30 Jahren. Im Jahr 2000 betrug sie 67 Jahre bzw. 75 Jahre in den reichen Ländern. In Ländern mit gut entwickelten Gesundheitssystemen gelang es, die Säuglingssterblichkeit auf ein sehr niedriges Niveau zu senken und lebensbedrohende Kinderkrankheiten durch Impfungen so gut wie auszumerzen.

Auch leben wir in einem Zeitalter intensiver kultureller Aktivität und großer technischer Möglichkeiten. Das sogenannte Informationszeitalter stellt uns nahezu unbegrenzte Mengen von Daten zur Verfügung – vorausgesetzt, wir haben Zugang zu den erforderlichen Technologien. Filme, Theaterstücke, Bücher, Musik, wissenschaftliche Arbeiten, Analysen und Stellungnahmen zu sämtlichen Themen, von Politik bis Sport – alles ist leicht zugänglich, womit die Voraussetzungen für eine Gesellschaft gegeben sind, die besser informiert ist und bewusster agieren kann als jede andere vor ihr.

Wir lernen aus all diesen Inhalten und konsumieren sie nicht nur für uns allein, sondern unterhalten uns darüber, interagieren und verbessern sie gemeinsam. Mit Blogs, Wikis und Diskussionsfäden ist ein neuer Informationsnexus zwischen „offizieller" und „inoffizieller" Kommunikation entstanden. Manche Blogger werden zu echten Autoritäten oder Trendsettern auf ihrem Gebiet, und Wiki-Autoren können auf eine große Leserschaft zählen. Die Kommunikationskanäle sind offener geworden, womit wir die Möglichkeit und auch die Pflicht haben, besser zu verstehen, was um uns herum geschieht – vorausgesetzt, wir lernen, all diese Informationen sinnvoll zu nutzen.

In der Tat haben sich unsere Wahlmöglichkeiten in nahezu allen Bereichen vervielfacht: Bildungswesen, Berufs- und Privatleben. Als Studierende können wir unter Hunderten von Studienfächern und einer wachsenden Zahl von Bildungseinrichtungen wählen, um ein Diplom zu erlangen. Programme wie das EU-Austauschprogramm Erasmus ermutigen Studierende zum Auslandsstudium – um eine andere Sprache zu lernen, einer anderen Kultur zu begegnen oder einfach nur um Zugang zu einem bestimmten Studiengang zu haben, der im eigenen Land nicht angeboten wird.

Die Globalisierung von Wirtschaft, Wissenschaft und Kultur hat zudem zu einer Erweiterung des Berufswahlspektrums geführt. Wir können uns in eine andere Stadt versetzen lassen, als Expatriate ins Ausland gehen oder beruflich rund um die Welt reisen. Alles in allem sind wir wohlhabender und mobiler geworden und haben eine längere Lebenserwartung und ein höheres Bildungsniveau. Aber kann dies andauern? Werden auch künftige Generationen diese Möglichkeiten noch haben? In allen Teilen der Welt?

Wolken am Horizont?

Wenn jeder Energie und Ressourcen so nutzen würde wie wir in der westlichen Welt, würden wir mindestens drei weitere Erden benötigen. Doch wir haben nur eine.

Mona Sahlin, frühere Ministerin für Nachhaltige Entwicklung, Schweden,
Institutionalising Sustainable Development

Trotz des fortschrittlichen Charakters vieler zeitgenössischer Gesellschaften stoßen wir auf beunruhigende Widersprüche. Insbesondere besteht eine krasse Ungleichheit zwischen denen, die die Früchte des Fortschritts ernten können, und jenen, deren Lebensumfeld eine solche Entwicklung durch mangelnden Zugang zu dem, was andere als selbstverständlich betrachten, verhindert.

Große Unterschiede spalten die Welt im Hinblick auf den Zugang zu Wasser und sanitären Einrichtungen, Energie, Gesundheitsversorgung und Bildung. Schätzungen zufolge haben z.B. weltweit 1,1 Milliarden

Menschen keinen Zugang zu sauberem Wasser. Und dies ist keine Frage des Komforts: Wasserbezogene Krankheiten sind weltweit die zweithäufigste Todesursache bei Kindern – schätzungsweise 1,8 Millionen Kinder sterben jedes Jahr an Krankheiten, die durch schmutziges Trinkwasser und mangelhafte sanitäre Einrichtungen verursacht werden. Von kontaminiertem Trinkwasser und mangelhaften sanitären Einrichtungen ausgehende Krankheiten hindern Kinder am Schulbesuch und halten Eltern davon ab, einer Arbeit nachzugehen. Und in Gebieten mit unzureichender Wasserversorgung nimmt die Suche nach Wasser viel Zeit im täglichen Leben der Frauen und Mädchen in Anspruch – Zeit, die ihnen für die Verbesserung ihrer wirtschaftlichen Situation oder für den Schulbesuch fehlt.

Laut dem *Bericht über die menschliche Entwicklung* der Vereinten Nationen und Wasserexperten wie Professor A.K. Biswas ist das Problem nicht Knappheit, sondern Missmanagement. Durch tropfende Wasserhähne wird in den Industrieländern mehr Wasser verschwendet, als für Milliarden Menschen in den Entwicklungsländern zur Verfügung steht, die es benötigen würden. Natürlich reicht es nicht, die tropfenden Wasserhähne zu reparieren, um die Wasserprobleme wegzuzaubern. Aber mit einem Ansatz für das Wassermanagement, der sich auf die Verbreitung erfolgreicher Techniken stützt, um das verfügbare Wasserangebot optimal zu nutzen, könnten schon entscheidende Verbesserungen erzielt werden.

Während es den Menschen in den am wenigsten entwickelten Ländern häufig an den notwendigen Elementen mangelt, um ihre Grundbedürfnisse zu befriedigen und Zugang zu einem gesunden, angenehmen Leben zu haben, leiden die Menschen in den Industrieländern unter Überfluss. Die ärmeren Länder sehen sich den schrecklichen Folgen größtenteils vermeidbarer Krankheiten wie Malaria oder AIDS gegenüber, während die reicheren Länder mit den Epidemien des Überflusses zu kämpfen haben, wie im Erwachsenenalter manifest werdende Diabetes (oder Typ-II-Diabetes) und Herzkrankheiten, die durch Fettleibigkeit verursacht sind. Das gegenwärtige Niveau der internationalen Zusammenarbeit ist so hoch wie nie zuvor, sei es auf bilateraler Ebene, d.h. zwischen zwei Regierungen, oder auf multilateraler Ebene durch Institutionen wie die Vereinten Nationen, die OECD, die Weltbank usw. Dennoch gibt es noch immer gewaltsame Konflikte, die die Menschen, die in ihnen gefangen sind, Bedingungen extremer Unsicherheit und Anfälligkeit aussetzen. Die Weltbevölkerung wächst weiter. Den Vorhersagen zufolge wird die Bevölkerung bis 2050 von derzeit 6,5 Milliarden auf über 8 Milliarden ansteigen. Immer mehr Menschen leben in Städten, und jeder, der die nötigen Mittel dazu hat, verbraucht mehr und mehr Ressourcen. Unser Leben ist voll von Dingen, die wir kaufen und konsumieren. Die Ausweitung der Märkte und des Produktspektrums ebenso wie die Erleichterung des Handels haben zur Folge, dass sowohl unsere Konsummöglichkeiten als auch die Konsequenzen dieser verstärkten Aktivität größer sind als je zuvor.

Die wirtschaftliche Entwicklung hat Fortschritte ermöglicht, die unsere Lebensformen gegenüber den vorangegangenen Jahrhunderten grundlegend verändert haben, aber diese Aktivitäten haben auch zu Problemen mit potenziell drastischen Konsequenzen geführt. Das sichtbarste und derzeit am meisten diskutierte darunter ist der Klimawandel, insbesondere seit der Veröffentlichung des jüngsten Berichts (2007) des Zwischenstaatlichen Ausschusses für Klimaänderungen, der bestätigte, dass es infolge der menschlichen Aktivitäten mit ziemlicher Sicherheit zu signifikanten Klimaveränderungen kommen wird. Indessen hat die wirtschaftliche Entwicklung auch soziale Herausforderungen mit sich gebracht: Die Länder entwickeln sich mit unterschiedlicher Geschwindigkeit, und innerhalb der einzelnen Länder bestehen große Unterschiede im Hinblick auf die Lebensqualität. In vielen Ländern geht das Wirtschaftswachstum eher mit einer Zunahme als einer Abnahme der Kluft zwischen Arm und Reich einher.

Der Klimawandel ist symbolisch für das größere Problem – sowohl praktischer als auch philosophischer Art – der Gefahren, die durch die Störung des Gleichgewichts unserer Ökosysteme entstehen. Strapazieren wir unsere Gesellschaft und unsere Umwelt zu stark, streben wir zu schnell voran? Überschreiten wir die unseren Ökosystemen inhärenten Regenerationsmöglichkeiten? Schaffen wir soziale Ungleichheiten, die nicht korrigiert werden können? Befinden wir uns vielleicht ähnlich wie die Osterinsulaner auf dem Weg zum Abgrund, ohne es überhaupt wahrzunehmen?

Der Verlust von Schlüsselelementen eines Ökosystems kann das Gleichgewicht zwischen seinen Komponenten stören und zu langfristigen oder dauerhaften Veränderungen führen.

Preserving Biodiversity and Promoting Biosafety (OECD Policy Brief)

Funktionierende Systeme, d.h. solche, die sich im Gleichgewicht befinden, schaffen in der Regel stets die Voraussetzungen für ihre Erneuerung. Wenn Ackerland richtig bewirtschaftet wird und eine Zeit lang brachliegen darf, um die Nährstoffregeneration zu gestatten, wird es immer fruchtbar bleiben. Ist das nicht der Fall, verschlechtert sich die Qualität der Böden, und manchmal werden sie als landwirtschaftliche Nutzfläche unbrauchbar. Auch wildwachsende Pflanzenarten erneuern sich auf natürliche Weise; werden Pflanzenpopulationen jedoch übererntet, schwinden sie und können aussterben.

Diese Erkenntnis lässt sich auch auf Menschen und ihre Interaktionen miteinander ausweiten. Kinder, denen eine gute Ernährung, Schulbildung und Betreuung zuteil wird, gedeihen in der Regel und verfügen während ihres ganzen Lebens über die Kapazität, einen Beitrag für die Gemeinschaft zu erbringen. Werden ihnen diese Dinge vorenthalten, wird das Resultat wahrscheinlich ganz anders aussehen. Dasselbe gilt auch auf Ebene der Gesellschaft und der Regierungen. Missbrauch, Konflikte oder Deprivation können den Zusammenbruch ganzer Gemeinwesen verursachen.

Dieselbe Erkenntnis kann auf Wirtschaftssysteme oder Märkte angewandt werden. Ungleichgewichte zwischen Angebot und Nachfrage, Ersparnissen und Ausgaben, Krediten und Investitionen können zu wirtschaftlichen Zusammenbrüchen, Rezessionen und Depressionen führen. Selbst die talentiertesten Ökonomen sind auf Grund der extremen Komplexität der Weltwirtschaft noch immer nicht im Stande, verlässliche Vorhersagen darüber zu machen, wann und warum diese Ereignisse eintreten. Was wir wissen, ist, dass wirtschaftliche, ökologische und soziale Systeme alle in einem Zustand relativen Gleichgewichts bleiben und auch zueinander in einem ausgewogenen Verhältnis stehen müssen, um nachhaltig zu sein.

Ein Problem dabei ist, dass wir nicht wissen, wann die „kritische Schwelle" dieser Systeme erreicht und überschritten sein wird. Stetiger Fortschritt, auch über diese Grenzen hinaus, ist mit großen Risiken verbunden. Steuern wir auf eine Zukunft zu, in der es mit zunehmender Häufigkeit und immer größerer Unvorhersehbarkeit zu Fällen von Versagen der lebenserhaltenden Systeme der Erde kommen wird? Leben wir in einer Zeit, in der wirtschaftliche und soziale Entwicklungen einigen zugute kommen, während andere Entbehrung und Konflikte erleiden?

Wo steuern wir hin?

In den letzten 200 Jahren ist die Weltwirtschaft insgesamt um das Sechsfache und in den Regionen, in denen die Industrialisierung zuerst einsetzte, nahezu um das Zehnfache gewachsen. Lebensstandard, Gesundheitszustand und Bildungsniveau haben sich beträchtlich verbessert. Gleichzeitig kam es durch die Verbrennung von Kohle zur Energiegewinnung in England und den Vereinigten Staaten zu Todesfällen infolge von Smog, sind ganze Seen auf Grund von Wasserverschmutzung „umgekippt" und reduzierte sich der Aralsee durch die Bewässerung der Baumwollplantagen auf einen Bruchteil seiner ursprünglichen Fläche. Und heute sind wir so weit, dass der Einsatz von fossilen Brennstoffen Klimaveränderungen verursacht. Darüber hinaus bestehen trotz der wirtschaftlichen und technologischen Entwicklung enorme Unterschiede im Hinblick auf Wohlstand, Chancen und Lebensstandard. Die Frage ist: Können wir die Entwicklung von nun an besser steuern?

Welches sind die Antriebskräfte dieser Phänomene? Welche Zukunft versprechen sie für unsere Nachkommen? Bei unserer wirtschaftlichen und sozialen Entwicklung brauchen wir als Einzelpersonen, Regierungen oder Unternehmen Leitlinien, die uns dabei helfen, die richtigen Entscheidungen zu treffen.

Die nichtnachhaltige Entwicklung hat zu einer solchen Zerstörung und Verschmutzung der Umwelt geführt, dass sie heute, gefolgt von der sozialen Ungleichheit, das größte Hindernis für die Sicherung eines stetigen Wachstums darstellt.

Emil Salim, *Institutionalising Sustainable Development*

Aber müssen wir wirklich zwischen Fortschritt und sinnvollem Management der Systeme wählen, von denen wir abhängig sind? Jeden Tag hören wir von neuen Technologien, die für Mensch, Wirtschaft *und* Umwelt nutzbringend sein können: öffentliche Gesundheitsprogramme, die den Gesundheitszustand von immer mehr Menschen verbessern, energieeffiziente Alternativen für zahlreiche mittlerweile unerlässliche Produkte und Prozesse sowie neue nichttoxische und dauerhafte Werkstoffe.

Wenn sich die Osterinsulaner ihrer schwindenden Ressourcen bewusst waren, zeigt die Geschichte, dass sie nicht die notwendigen Schritte ergriffen haben, um die Überschreitung der kritischen Schwelle zu verhindern. Viele Menschen realisieren heute, dass auch unsere Welt Anzeichen von Überbelastung zeigt – und zumindest einige Kernprobleme aufweist, für die wir Lösungen finden müssen. Die Fakten deuten darauf hin, dass wir bessere Methoden für das Management unserer natürlichen Ressourcen brauchen, bessere Methoden zur Sicherung dessen, was die Menschen für ihre Entwicklung benötigen und bessere Methoden zur Koordinierung unserer Aktionen, um all das zu erhalten, wovon wir für unser Überleben, unser Wohlergehen und unseren Wohlstand abhängig sind.

Es ist an der Zeit, herauszufinden, wie wir unsere Entwicklung ohne negative soziale und ökologische Nebeneffekte vorantreiben können, und dies auf eine Art und Weise, die einer größeren Zahl von Menschen zugute kommt. Die Osterinsel war vom Handel abgeschottet und in ihren ökologischen Ressourcen beschränkt; die einzige Möglichkeit, wie ihre Bewohner die Tragödie vielleicht hätten verhindern können, wäre eine sorgfältige Planung gewesen. Wir leben in einem ganz anderen Maßstab, aber könnte uns trotzdem dasselbe widerfahren?

Worum es in diesem Buch geht ...

Keiner weiß, wie die Zukunft aussehen wird. Gut oder schlecht, sauber oder verschmutzt, friedlich oder von Krieg zerrüttet – was werden wir mit den uns zur Verfügung stehenden Instrumenten erreichen? Der technische Fortschritt hat vieles möglich gemacht, aber es gibt Anzeichen dafür, dass wir an einen Punkt gelangen, an dem es sich bei den negativen Folgen dieser Entwicklung nicht mehr nur um einfache Unannehmlichkeiten handelt.

Das wachsende Bewusstsein über die Fragilität unserer Welt hat uns dazu veranlasst, ernsthafter nach Lösungen zu suchen, nicht nur für punktuelle Probleme, sondern für falsche Entwicklungsansätze, die kurzsichtig und selbstzerstörerisch sind. Wissenschaftler, Politiker und Bürger aus verschiedensten Kreisen haben zu dieser Debatte beigetragen, indem sie nach Möglichkeiten suchten, ein Gleichgewicht zwischen den Vorteilen des Wachstums und den Nachteilen herzustellen, die entstehen können, wenn dieses Wachstum nicht umsichtig und intelligent gesteuert wird.

> Die Zukunft der Menschheit wird von Fragen beeinflusst, die keine
> Nation alleine lösen kann. Multilaterale Zusammenarbeit ist
> entscheidend, um den großen Herausforderungen dieser neuen Welt zu
> begegnen.
>
> Angel Gurría, „Making the Most of Globalisation:
> The OECD and the MENA countries".

Wir verfügen effektiv über die nötigen Instrumente und Informationen, um unsere Entwicklung *nachhaltig* zu planen, in einer Weise, bei der sämtliche Aspekte der Entwicklung berücksichtigt und Optionen bevorzugt werden, die auf lange Sicht ein Höchstmaß an Wohlergehen sichern. Die größten Probleme zu identifizieren und die notwendigen Änderungen vorzunehmen, ist alles andere als einfach. Die vorliegende Publikation **Nachhaltige Entwicklung** zeigt einen Weg hierfür auf: Zunächst durch eine Evaluierung unserer jetzigen Situation, dann durch die Festlegung von Zielen, die zu besseren Ergebnissen führen, und schließlich durch die richtigen Entscheidungen über die Richtung, die wir einschlagen wollen.

Kapitel 2 befasst sich mit dem Konzept der nachhaltigen Entwicklung, seiner Geschichte und seiner heutigen Bedeutung für uns.

In **Kapitel 3** wird die globale Dimension der nachhaltigen Entwicklung untersucht und damit auch die Frage, wie wir reiche, arme und rasch aufstrebende Volkswirtschaften auf einen nachhaltigen Entwicklungspfad bringen können.

In **Kapitel 4** wird erklärt, warum es wichtig ist, für die Zukunft zu planen und unsere wirtschaftlichen, humanen und natürlichen Ressourcen so zu verwalten, dass wir weiterhin die Lebensbedingungen in unserer Gesellschaft verbessern können, ohne den künftigen Generationen ein unschönes Erbe zu hinterlassen.

In **Kapitel 5** wird unser Verhalten als Produzenten und Konsumenten erörtert und die entscheidende Rolle untersucht, die es im Hinblick auf die Verwirklichung der Ziele der nachhaltigen Entwicklung spielt.

Kapitel 6 zeigt auf, wie die unterschiedlichen Aspekte der nachhaltigen Entwicklung gemessen werden können und warum dies von Bedeutung ist.

In **Kapitel 7** wird analysiert, wie Regierungen und Zivilgesellschaft bei der Schaffung der Anreize, Regeln und Bestimmungen zusammenarbeiten, die eine nachhaltige Entwicklung ermöglichen.

Was ist die OECD?

In der Organisation für wirtschaftliche Zusammenarbeit und Entwicklung (OECD) arbeiten die Regierungen von Ländern, die sich der Demokratie und der Marktwirtschaft verpflichtet haben, gemeinsam an der Bewältigung von Herausforderungen der globalisierten Welt in den Bereichen Wirtschaft, Gesellschaft und Governance. Die OECD zählt 30 Mitgliedsländer, und auf diese Volkswirtschaften entfallen 68% des Welthandels und 78% des weltweiten Bruttonationaleinkommens (BNE – Messgröße der Wirtschaftsleistung eines Landes).

Die OECD geht auf den Marshallplan zurück, mit dessen Hilfe Europa nach dem Zweiten Weltkrieg wieder aufgebaut wurde. Das Ziel war es damals, ein nachhaltiges Wirtschaftswachstum zu fördern, Arbeitsplätze zu schaffen und den Lebensstandard der Bevölkerung anzuheben. An diesen Hauptzielen hält die OECD auch heute unverändert fest. Die Organisation setzt sich für die Förderung eines soliden Wirtschaftswachstums in ihren Mitgliedstaaten ebenso wie in den Entwicklungsländern sowie für die Entwicklung eines diskriminierungsfreien Welthandels ein. Mit diesen Zielen vor Augen hat die OECD einen engen Kontakt zu zahlreichen aufstrebenden Volkswirtschaften in aller Welt aufgebaut und tauscht Fachwissen und Meinungen mit mehr als 100 anderen Ländern und Volkswirtschaften weltweit aus.

In den jüngsten Jahren hat die OECD zudem einen Erweiterungsprozess eingeleitet, in dessen Rahmen fünf weiteren Ländern (Chile, Estland, Israel, Russland und Slowenien) die Aufnahme von Verhandlungen über ihren Beitritt zur Organisation und fünf aufstrebenden Volkswirtschaften (Brasilien, China, Indien, Indonesien und Südafrika) eine vertiefte Zusammenarbeit angeboten wurde.

Die OECD stellt vor allem umfassendes Zahlenmaterial zur Verfügung. Damit gehört sie zu den weltweit wichtigsten Quellen für vergleichbare Daten zu einer breiten Themenpalette, die von Wirtschaftsindikatoren bis zu Bildung und Gesundheit reicht. Diese Daten spielen für die Mitgliedsländer beim Vergleich ihrer Erfahrungen mit verschiedenen Politikmaßnahmen eine Schlüsselrolle. Darüber hinaus erstellt die OECD Leitlinien, Empfehlungen und Modelle für die internationale Zusammenarbeit in Bereichen wie Besteuerung sowie zu technischen Fragen, die für den Fortschritt der Länder in einer globalisierten Wirtschaft von grundlegender Bedeutung sind.
www.oecd.org

Arbeit der OECD im Bereich der nachhaltigen Entwicklung

Die Minister der OECD-Länder sehen in der nachhaltigen Entwicklung ein wesentliches Ziel für ihre Regierungen und die Organisation selbst und sind sich bewusst, dass die Mitgliedsländer eine besondere Verantwortung für dessen Verwirklichung in der Welt tragen. Die Aufsicht über die mit der nachhaltigen Entwicklung zusammenhängenden Aktivitäten führt die Jahrestagung der Experten für nachhaltige Entwicklung (Annual Meeting of Sustainable Development Experts – AMSDE), d.h. Vertreter der Regierungen der Mitgliedsländer, die spezielle Projekte koordinieren und die bei der Einbindung der Konzepte der nachhaltigen Entwicklung in das Arbeitsprogramm der OECD erzielten Fortschritte prüfen.

Bei zahlreichen Aktivitäten geht es um nachhaltige Entwicklung, von der Analyse des Klimawandels über die Entwicklungszusammenarbeit bis hin zur gesellschaftlichen Verantwortung der Unternehmen. Auf der nachstehenden Website sind Links zu einer Fülle von Projekten und Informationen zu finden, die über bestimmte Aspekte dieser Fragen Aufschluss geben:
www.oecd.org/sustainabledevelopment.

2

Auch wenn sich keine genauen Aussagen zu den möglichen Konsequenzen einer unkontrollierten bzw. schlecht gesteuerten Entwicklung treffen lassen, verfügen wir doch über genügend Informationen, um zu wissen, dass mit kostspieligen negativen und irreversiblen Auswirkungen zu rechnen ist. Mit der nachhaltigen Entwicklung eröffnet sich uns ein neuer Weg, die Effekte menschlicher Aktivität auf die Welt in allen ihren Aspekten zu durchdenken und verantwortlich zu steuern – ein Weg, der lang anhaltende positive Ergebnisse und Vorteile für die menschliche Gesellschaft insgesamt verspricht.

Was ist nachhaltige Entwicklung?

Zur Einleitung ...

Monique Huteau, von Beruf Krankenschwester, seit kurzem in Rente, hat keine Angst, sich schmutzig zu machen, wenn sie in ihrem üppig sprießenden Garten arbeitet: Erdbeeren, Blattsalat, Kürbisse, Kartoffeln und vieles mehr – sie baut genug an, um einen großen Teil des Lebensmittelbedarfs ihrer Familie zu decken. Was noch fehlt, kauft sie im örtlichen Supermarkt ein. Außerdem kocht sie, führt den Haushalt, kümmert sich um ihre Enkel und malt Aquarelle. Monique Huteau lebt in einem Haus auf dem Land, unweit der französischen Stadt Poitiers.

Als sie noch erwerbstätig war, verdiente sie – ebenso wie die Mehrzahl ihrer neun Geschwister – wesentlich mehr als zuvor ihre Eltern, arme Bauern aus dem Anjou. Monique und ihre Geschwister leben in gepflegten Häusern, fahren schöne Autos und unternehmen jedes Jahr weite Urlaubsreisen. Viel harte Arbeit, Sparsamkeit und kluge Geldanlagen haben Monique und ihren Mann, einen Lehrer im Ruhestand, dorthin gebracht, wo sie heute sind. Mitgeholfen hat das französische Sozialsystem, das dafür sorgte, dass ihre Gesundheits- und Bildungsausgaben gering blieben und sie heute eine ausreichende Rente beziehen. Für Monique steht außer Frage: Ihrer Generation boten sich Chancen, über die ihre Eltern nicht verfügten, weshalb sie ein in materieller und sozialer Hinsicht völlig anderes Leben führen konnte.

Wie Monique ging es im OECD-Raum vielen Menschen: Generationen, die während ihrer Kindheit noch Armut und Mangel erlebt hatten, gelangten – selbst bei relativ bescheidenem Einkommen – zu einem gewissen Wohlstand, der es ihnen gestattete, ihren Lebensbedarf zu decken und sich dann und wann ein bisschen Luxus zu leisten. Mit diesem Wohlstand gingen bestimmte Sozialleistungen einher. Das Bildungsniveau stieg. Mehr Menschen erhielten Zugang zu Gesundheitsversorgung. Freizeit wurde zu einem verbrieften Recht, das durch bezahlten Urlaub und Altersvorsorgepläne gesichert ist. Die geografische und soziale Mobilität nahm zu.

In der sogenannten entwickelten Welt war in der Tat eine Verbesserung der durchschnittlichen Situation in einer Reihe von Bereichen zu verzeichnen, die für ein angenehmes Leben wichtig sind. Parallel zu diesen Verbesserungen machten sich jedoch beunruhigende Anzeichen dafür bemerkbar, dass dieses Wachstum mit Kosten verbunden ist, die wir nicht länger ignorieren können.

Aller wirtschaftlicher Wohlstand der Welt reicht nicht aus, um Probleme wie den Klimawandel zu bewältigen. Im Gegenteil: Ein ungebremstes Wachstum – z.B. der Zahl der Personen, die Autos fahren oder Flugreisen unternehmen – verschlimmert die Situation nur noch. Zudem sagt das durchschnittliche Wirtschaftswachstum nichts über die Entwicklung der Einkommensverteilung aus: Wenn nur einige wenige reicher werden, kann es sein, dass das Wirtschaftswachstum für die Mehrzahl der Bevölkerung nicht mit greifbaren Vorteilen oder Gewinnen verbunden ist.

Zu diesen Problemen kommen die Herausforderungen hinzu, vor denen die Schwellen- und Entwicklungsländer stehen, d.h. Länder wie China und Indien, die ein rasches Wachstum erleben, ebenso wie solche, die wie viele Länder in Subsahara-Afrika noch weit von dem entfernt sind, was für reichere Länder selbstverständlich ist: Frieden, Zugang zu grundlegender Gesundheitsversorgung, Bildung, eine relativ sichere Trinkwasserversorgung usw.

Schließlich stellt sich auch die Frage, ob die vorhandenen Ressourcen ausreichen, um allen 6,5 Milliarden Menschen auf der Erde den Lebensstandard zu ermöglichen, den die westlichen Länder genießen. 2002 belief sich die Rohstoffförderung aus den weltweiten Ökosystemen Schätzungen zufolge auf über 50 Mrd. Tonnen – ein Anstieg um ein Drittel in nur zwanzig Jahren. Bei Zugrundelegung der projizierten Wirtschaftswachstumsraten wird sich der Umfang der Rohstoffförderung bis 2020 auf 80 Mrd. Tonnen jährlich erhöhen. Ist eine Ausbeutung der weltweiten Rohstoffreserven mit diesem Tempo tragbar? Können wir – bzw. sollten wir wirklich – an unserem traditionellen Entwicklungsmodell festhalten?

Dies sind keine neuen Fragen. Sich häufende „schlechte Angewohnheiten" und „nicht nachhaltige" Praktiken scheinen in der Tat dazu geführt zu haben, dass sich Gesellschaft und Umwelt bedrohlichen Belastungen ausgesetzt sehen. Trotz oder wegen des beispiellosen Wirtschaftswachstums, das in der Vergangenheit verzeichnet wurde, befindet sich die Welt auf einem Kurs, der in der Erschöpfung der natürlichen Ressourcen mündet und schwere soziale Krisen heraufbeschwört, zu deren Lösung sich die alten Formen der Problembewältigung als ungeeignet erweisen. Wenn wir diesen negativen Trend stoppen wollen, muss etwas unternommen werden, um den Prozess der Entwicklung – einschließlich der hinter ihm stehenden Grundgedanken und Methoden – in eine andere Richtung zu lenken. Albert Einstein drückte das so aus: „Probleme kann man niemals mit der Denkweise lösen, durch die sie entstanden sind".

▶ Das Schlagwort „nachhaltige Entwicklung" begegnet uns in hochkarätigen Diskussionsrunden, auf politischen Plattformen oder auf Unternehmenswebseiten. Immer mehr Hochschulen bieten Studiengänge an, die sich mit diesem Thema befassen. Die nachhaltige Entwicklung ist zu einer Art konzeptuellem Prüfstein geworden, einem der Leitgedanken der zeitgenössischen Gesellschaft. Dieses Kapitel befasst sich mit der Debatte darüber, was genau unter „nachhaltiger Entwicklung" zu verstehen ist. Dabei wird untersucht, wo der Begriff herstammt und was er heute beinhaltet. Außerdem wird die Frage der konkreten Anwendung dieses Konzepts gestellt, im Alltagsleben ebenso wie im Bereich der Governance.

Definition der nachhaltigen Entwicklung

Entwicklung: die; -, -en: das [Sich]entwickeln; Wachstum; Fortschritt. Nachhaltige Entwicklung: Entwicklung, die die Bedürfnisse der Gegenwart befriedigt, ohne zu riskieren, dass künftige Generationen ihre eigenen Bedürfnisse nicht befriedigen können.

Der Begriff „sustainable development" begann sich Ende der 1980er Jahre allgemein durchzusetzen, nachdem er in *Unsere Gemeinsame Zukunft*, auch bekannt als der „Brundtland-Bericht", verwendet wurde, in der deutschen Fassung damals noch mit „dauerhafte Entwicklung" übersetzt. Dieser Bericht war das Ergebnis der Arbeit einer von den Vereinten Nationen eingesetzten Kommission, die „ein weltweites Programm des Wandels" für die konzeptuellen Grundlagen ebenso wie die Praxis der Entwicklung vorschlagen sollte. In ihm kam die Dringlichkeit eines Umdenkens in Bezug auf unsere Lebensformen und die Strukturen der Staats- und Regierungsführung zum Ausdruck. Um „den Zielen und Wünschen der Menschheit verantwortlich zu entsprechen", so hieß es darin, müssten alte Probleme auf neue Weise betrachtet und neue Wege der internationalen Zusammenarbeit und Koordination gefunden werden.

Die Weltkommission für Umwelt und Entwicklung – so ihr offizieller Name – wollte die Aufmerksamkeit der Welt auf die „sich beschleunigende Verschlechterung des Zustands des menschlichen Lebensumfelds und der Naturressourcen sowie deren Konsequenzen für die wirtschaftliche und soziale Entwicklung" lenken. Mit der Einrichtung dieser Kommission verwies die Generalversammlung der Vereinten Nationen ausdrücklich auf zwei wichtige Ideen:

➤ Das Wohlergehen von Umwelt, Wirtschaft und Menschheit ist untrennbar miteinander verknüpft.

➤ Nachhaltige Entwicklung setzt Zusammenarbeit auf globaler Ebene voraus.

Bei nachhaltiger Entwicklung geht es um Integration, um eine Entwicklung, die einer größtmöglichen Zahl von Wirtschaftsbereichen zugute kommt, die grenzübergreifend, ja sogar generationenübergreifend ist. Anders ausgedrückt müssen wir bei unseren Entscheidungen stets deren potenzielle Auswirkungen für Gesellschaft, Umwelt und Wirtschaft berücksichtigen, ohne dabei zu vergessen, dass unsere Handlungen auch Effekte auf andere Teile der Welt und auf die Zukunft haben können.

Wir alle neigen dazu, Themen nach Bereichen und Unterbereichen, nach Regierungsebenen und Ressorts zu unterteilen. Selbst private Haushalte sind selten wie ganzheitliche Systeme aufgebaut. Agrar-,

Finanz-, Innen- und Außenministerien befassen sich jeweils mit den Fragen, die in ihren Zuständigkeitsbereich fallen. Wir untergliedern sogar unser Alltagsleben: Arbeit, Entspannung, Einkaufen, Urlaub usw. Dabei ist es nicht so, dass wir nicht in der Lage wären, die Tätigkeit von Unternehmen, die Aktivitäten des Staats oder die Funktionsweise einer Familie als „Ganzes" zu begreifen – die Aufstellung eines Haushaltsbudgets oder einer Unternehmensstrategie sind Beispiele hierfür; vielmehr sind es die Hektik des modernen Lebens und dessen Komplexität, die keine Zeit dafür lassen, sich mit mehr zu befassen als den allerdringendsten bzw. offensichtlichsten Fragen. Häufig ist es wie in der alten Redensart: Wir sehen den Wald vor lauter Bäumen nicht.

Mit dem Konzept der nachhaltigen Entwicklung wurden mehrere wesentliche Veränderungen in der Art und Weise zum Ausdruck gebracht, wie wir unsere Beziehungen zur Welt um uns begreifen und welche Ansprüche wir an eine Politik stellen, die dieser geänderten Weltsicht Rechnung tragen soll.

Die Regierungen stehen vor der schwierigen Herausforderung, das richtige Gleichgewicht zwischen den konfligierenden Anforderungen an die natürlichen und sozialen Ressourcen zu finden, ohne dabei auf wirtschaftlichen Fortschritt zu verzichten.

Sustainable Development: Critical Issues

Der erste Schritt ist hier die Erkenntnis, dass Wirtschaftswachstum allein nicht ausreicht: Die ökonomischen, sozialen und ökologischen Aspekte allen Handelns sind *miteinander verknüpft*. Wird jeweils nur einer dieser Aspekte berücksichtigt, führt dies zu Fehlurteilen und „nicht nachhaltigen" Resultaten. Eine ausschließliche Fokussierung auf den Gewinn hat in der Vergangenheit z.B. soziale und ökologische Schäden hervorgerufen, durch die der Gesellschaft auf lange Sicht hohe Kosten entstanden sind. Umgekehrt sind ausreichende wirtschaftliche Ressourcen zumindest teilweise Voraussetzung, um etwas für die Umwelt tun und von den Menschen benötigte Dienste anbieten zu können.

Zweitens ist es auf Grund des Prinzips der nachhaltigen Entwicklung, das auf dem Zusammenspiel bzw. den Wechselwirkungen zwischen verschiedenen Elementen beruht, notwendig, Grenzen zu überschreiten – seien sie geografischer oder institutioneller Art –, um Strategien zu koordinieren und sinnvolle Entscheidungen zu treffen. Die zu lösenden Probleme beschränken sich nur selten auf den Zuständigkeitsbereich einer Regierungsbehörde bzw. einer Gebietskörperschaft, weshalb Zusammenarbeit bei der Entwicklung intelligenter Lösungen fester Bestandteil des Entscheidungsprozesses sein muss.

Nehmen wir das Beispiel der gentechnisch veränderten Organismen (GVO): Entscheidungen über den Anbau, den Verzehr und die Entwicklung von GVO erfordern die Mitwirkung der Agrar-, Umwelt-,

Handels-, Gesundheits- und Forschungsministerien. Diese verschiedenen Ministerien müssen die vorliegende Evidenz vergleichen und sich auf einen gemeinsamen Standpunkt in der nationalen Politik einigen, um tragfähige Maßnahmen umsetzen zu können – Maßnahmen, die größtmöglichen Nutzen zu geringstmöglichen Kosten bringen. Zusammenarbeit ist jedoch nicht nur auf nationaler Ebene notwendig. So lässt sich z.B. nicht verhindern, dass Samen gentechnisch veränderter Pflanzen durch Wind oder Vögel über Landesgrenzen getragen werden, womit die Frage automatisch eine internationale Dimension erlangt. Wenn in Import- und Exportländern eine unterschiedliche Politik verfolgt wird, kann es zu Unklarheiten und Effizienzverlusten im Handel kommen, so z.B. wenn Fertiggerichte, in denen auch nur eine Zutat auf GVO beruht, bereits besonders gekennzeichnet werden müssen oder in einigen Ländern sogar verboten sind.

Nachhaltige Entwicklung – ganz konkret

In den ersten Jahren des 21. Jahrhunderts setzte sich der Begriff „nachhaltige Entwicklung" in der breiten Öffentlichkeit durch. Das Konzept wurde nicht mehr nur in akademischen Kreisen oder unter Politikern diskutiert, sondern nahm Einzug in den Alltagswortschatz und in lokale Aktivitäten in aller Welt. Doch was genau meinen wir mit „nachhaltiger Entwicklung"?

Nachhaltige Entwicklung kann heißen:

• Ausdehnung der Vorteile der wirtschaftlichen Entwicklung auf alle Bürger;

• Umwandlung von Industriebrachen in umweltverträgliche städtische Wohnsiedlungen;

• Erhöhung der Bildungschancen für Jungen und Mädchen;

• Innovation industrieller Verfahren zur Steigerung ihrer Energieeffizienz und Verringerung der durch sie bedingten Umweltschädigungen;

• Einbeziehung von Bürgern und betroffenen Akteuren in den politischen Entscheidungsprozess.

Als dritte Etappe muss bei Überlegungen über menschliche Aktivitäten der Zeithorizont verschoben werden. Um es einfach auszudrücken, dürfen wir bei solchen Entscheidungen nicht nur deren kurzfristige Effekte berücksichtigen. Wenn schlechtes Wirtschaften beim Holzeinschlag zur Erzielung rascher Gewinne in der Abholzung eines Waldes endet, ist das Gesamtergebnis effektiv ein erheblicher Verlust: ein Verlust an Einnahmen auf lange Sicht, an biologischer Vielfalt und an Kapazität zur Bindung von Kohlendioxid, um nur einige Aspekte zu nennen.

Ein „ehrlicher" Ansatz in Bezug auf die zeitliche Dimension ist auch für Fragen der Generationengerechtigkeit von entscheidender Bedeutung, damit Ressourcen – seien sie wirtschaftlicher, ökologischer oder sozialer Art – gerecht genutzt und zwischen den Generationen verteilt werden. Keiner Generation sollte eine ungerechtfertigte Belastung aufgebürdet werden. Dabei geht es nicht nur darum, künftigen Generationen einen sauberen, gesunden Planeten zu hinterlassen, sondern auch um dringende Probleme wie die Deckung des medizinischen, finanziellen und sozialen Bedarfs einer alternden Bevölkerung.

Die drei Säulen der nachhaltigen Entwicklung

Im Mittelpunkt des Konzepts der nachhaltigen Entwicklung steht die Notwendigkeit, das *Zusammenwirken* „dreier Säulen" zu betrachten: Gesellschaft, Wirtschaft und Umwelt. Unabhängig vom Kontext bleibt der Grundgedanke derselbe: Menschen, Lebensräume und Wirtschaftssysteme sind miteinander verknüpft. Wir können diese Wechselbeziehungen ein paar Jahre oder auch Jahrzehnte außer Acht lassen, die Geschichte lehrt uns jedoch, dass sie uns früher oder später durch Warnsignale oder Krisen stets wieder in Erinnerung gerufen werden.

Tatsache ist, dass wir von Ökosystemen und Ökosystemleistungen abhängig sind, und zwar bei allen unseren Aktivitäten: bei der Führung von Unternehmen, beim Aufbau von Gemeinden, bei der Deckung des Nahrungsbedarfs der Bevölkerung usw. Ganz gleich, ob es um den ganz offensichtlich lebensnotwendigen Bedarf geht – Boden zum Anbau von Nahrungsmitteln oder sauberes Trinkwasser – oder um weniger naheliegende, aber nicht minder wichtige Dinge wie die Sauerstoffproduktion durch Photosynthese oder die Abfallentsorgung durch Bakterien, kommen wir nicht umhin festzustellen, dass unsere Existenz von der Umwelt abhängig ist. Wenn wir die Kapazität der Umwelt zur Erbringung dieser Leistungen schädigen oder zerstören, kann dies Konsequenzen haben, denen wir vollkommen unvorbereitet gegenüberstehen.

Als Gruppe wurden Frauen – ebenso wie der potenzielle Beitrag, den sie zum wirtschaftlichen und sozialen Fortschritt und zum Umweltschutz leisten können – an den Rand gedrängt.

Gender and Sustainable Development

Eine weitere Voraussetzung für die langfristige Stabilität und den Erfolg einer Gesellschaft ist eine gesunde und produktive Bevölkerung. Eine Gesellschaft (oder eine Gesellschaftsgruppe), die mit sozialen Unruhen, Armut und Krankheiten konfrontiert ist, kann auf Dauer nicht gedeihen: Wirtschaftliches Wohlergehen ist ohne soziales Wohlergehen unmöglich und umgekehrt, und beide hängen sie von einer gesunden Biosphäre ab, die die Grundlagen für sie schafft.

Das Verständnis der komplexen Zusammenhänge und Wechselwirkungen zwischen diesen drei Säulen verlangt eine gewisse Anstrengung, und diese Anstrengung muss kontinuierlich erbracht werden. Ob wir sie an der Dauer einer Legislaturperiode messen oder an der Zeit, mit der sich die Medien für ein bestimmtes Thema interessieren – in jedem Fall spielt unsere kollektive Konzentrationsspanne eine wichtige Rolle für die nachhaltige Entwicklung.

Der Erdgipfel von Rio und die Agenda 21

Im Juni 1992 kamen Vertreter aus 179 Ländern in Rio de Janeiro zur Konferenz der Vereinten Nationen für Umwelt und Entwicklung zusammen, auch bekannt als der „Erdgipfel von Rio". Eine der wichtigsten Übereinkünfte, die auf diesem Treffen unterzeichnet wurden, war das Aktionsprogramm „Agenda 21". Dieses 900 Seiten lange Dokument beschreibt die ersten Schritte auf dem Weg zur nachhaltigen Entwicklung auf lokaler, nationaler und internationaler Ebene an der Schwelle zum 21. Jahrhundert. Die Unterzeichnerstaaten verpflichteten sich zu Aktionen in vier Richtungen:

• Soziale und Wirtschaftliche Dimension, was u.a. die Bekämpfung der Armut und die Förderung einer nachhaltigen Stadtplanung beinhaltet;

• Erhaltung und Bewirtschaftung der Ressourcen, z.B. durch Schutz der Fischbestände in den Ozeanen und Bekämpfung der Entwaldung;

• Stärkung der Rolle wichtiger Gruppen, wie Frauen, Kommunen und nichtstaatliche Organisationen;

• Möglichkeiten der Umsetzung, z.B. durch den Transfer umweltverträglicher Technologien.

In Kapitel 28, „Initiativen der Kommunen zur Unterstützung der Agenda 21", werden beispielsweise die kommunalen und regionalen Gebietskörperschaften zur Mitwirkung aufgefordert, und zwar durch die Formulierung einer Lokalen Agenda 21. Durch die Koordination sämtlicher Anstrengungen zu Gunsten der nachhaltigen Entwicklung, von der internationalen Ebene bis hin zu den lokalen Gebietskörperschaften, sollen idealerweise sämtliche Aktionen wirkungsvoller werden. Städte in aller Welt – von Surabaya in Indonesien bis Seattle in den Vereinigten Staaten – haben solche Pläne umgesetzt, um die nachhaltige Entwicklung auf lokaler Ebene zu fördern.

Kompromisse

Die Megastädte der heutigen Zeit, in denen sich Millionen von Menschen auf engem Raum drängen, haben Schwierigkeiten dabei, die Kapazitäten der existierenden Infrastrukturen mit dem Bedarf der Einwohner zu vereinbaren. Das komplexe Netz der Aktivitäten, durch das städtische Lebensräume gekennzeichnet sind, ist ein guter Ausgangspunkt für Überlegungen über die Kompromisse, die im Interesse der nachhaltigen Entwicklung u.U. geschlossen werden müssen. Zwar dürfte z.B. Einigkeit darüber bestehen, dass der Straßenverkehr zu einem Alptraum geworden ist; daran jedoch etwas zu ändern, hätte für viele Menschen verschiedenste Auswirkungen, und zwar nicht nur positive. Die Stadtverwaltungen stehen vor einem Dilemma: Sollen sie die Einwohner von der Benutzung des eigenen Autos abhalten und damit Gefahr laufen, das öffentliche Verkehrssystem zu überlasten? Oder sollen sie Maßnahmen zur Verbesserung des Verkehrsflusses ergreifen und damit das Risiko eingehen, dass mehr Menschen das Auto nehmen? Die Berechnung der finanziellen Kosten der Verkehrspolitik ist vergleichsweise einfach, wesentlich weniger leicht ist es hingegen, die persönlichen Entscheidungen und Verhaltensweisen der Nutzer des städtischen Raums vorherzusagen. Wie werden die Stadtbewohner und die Pendler effektiv auf die Maßnahmen reagieren? Im Fall einer Verbesserung des Busnetzes fragt sich z.B., ob Busse dadurch für Autofahrer attraktiver werden oder für Personen, die sonst zu Fuß gehen würden.

Daran wird deutlich, dass es zwar nicht unmöglich ist, eine Situation zu verbessern, dass dazu aber die Zusammenhänge zwischen zahlreichen Faktoren durchdacht werden müssen. Weniger Verkehr bedeutet kürzere Fahrtzeiten und mehr Bewegungsfreiheit. Weniger Luftverschmutzung heißt verbesserte Bevölkerungsgesundheit. Die Kosten, z.B. in Form von Steuern oder Straßennutzungsgebühren, die im Gegenzug für solche Verbesserungen des städtischen Lebensraums in Kauf genommen werden müssen, werden derzeit in London, Singapur und anderen Städten getestet. An der Debatte über den Erfolg oder Misserfolg solcher Systeme zeigt sich konkret, was auf dem Spiel steht. Die ökologischen Auswirkungen mögen offensichtlich sein, wie aber verhält es sich mit der sozialen Gerechtigkeit – Reiche können sich Mautgebühren leisten, Arme nicht – oder mit den wirtschaftlichen Auswirkungen für Geschäfte und andere Unternehmen?

Auch auf Ebene des Einzelnen sind die Entscheidungen nicht immer ganz einfach. Stellen Sie sich vor, Sie sind gegen den Einsatz von Pestiziden und möchten daher nur Produkte aus biologisch-dynamischem Anbau kaufen. Nun kann es aber sein, dass der einzige Bioladen in Ihrer Gegend zu weit entfernt ist, um zu Fuß oder mit dem Fahrrad dorthin zu gelangen. Folglich ist der Einkauf im Bioladen für Sie zwangsläufig mit dem Verbrauch von fossilen Brennstoffen verbunden. Ein anderes Beispiel: Sie möchten lokale Produzenten unterstützen und die mit dem Transport auf dem Luftweg verbundene Umweltschädigung vermeiden. Doch das Einfliegen von Blumen aus Afrika nach Deutschland ist u.U. weniger umweltschädlich als ihr Import aus dem benachbarten Holland, wo sie in beheizten Treibhäusern unter intensivem Düngemitteleinsatz angebaut werden. Außerdem kann es sein, dass die Blumenzucht in Afrika mehr Menschen zugute kommt als in den Niederlanden. In einer perfekten Welt wäre es einfacher, richtige und kohärente Entscheidungen zu treffen. Bis dies jedoch soweit ist, kann uns das Konzept der nachhaltigen Entwicklung dabei helfen, zwischen der Vielzahl zu berücksichtigender Variablen abzuwägen und unsere Entscheidungen so zu optimieren.

Nachhaltige Entwicklung: Prozess oder Endergebnis?

Ist die nachhaltige Entwicklung also eine Art Leitprinzip, wie viele ihrer Befürworter behaupten? Oder handelt es sich um ein konkretes Ziel bzw. einen Katalog von Zielen, die gemessen, evaluiert und irgendwann tatsächlich als „verwirklicht" betrachtet werden können? In den zahlreichen Abhandlungen zu diesem Themen finden sich umfassende Belege für beide dieser Theorien ebenso wie für eine Reihe anderer Möglichkeiten. In Wirklichkeit besteht jedoch kein Grund, zwischen der einen oder anderen These zu wählen. Ganz gleich, ob wir das Beispiel der Abschaffung der Sklaverei, der Einführung der allgemeinen Schulpflicht, der Demokratie oder eines anderen „Gezeitenwechsels" nehmen, den frühere Generationen erlebten – stets handelte es sich um kontinuierliche Prozesse, in deren Verlauf große Ideen in die Alltagspraxis umgesetzt wurden. Und dies ist immer mit einer Vielzahl von Experimenten, Lernprozessen, Misserfolgen, Fehlern sowie konstanten Bemühungen zur Anpassung und Verbesserung der angewandten Methoden verbunden.

Das Konzept der nachhaltigen Entwicklung ist auch ein Instrument zur Betrachtung der zwischen verschiedenen Elementen bestehenden Zusammenhänge, um so gangbare Lösungen vorschlagen zu können. Nicht umsonst heißt es im Brundtland-Bericht zur nachhaltigen Entwicklung, dass dieses Konzept „keinen Zustand starrer Ausgewogenheit, sondern eher einen Prozess ständigen Wandels" beschreibt. Es ist ein Instrument, das uns zwingt, Elemente zu berücksichtigen, die wir im Interesse der Erzielung kurzfristiger Vorteile sonst vernachlässigt hätten, wie dies z.B. bei Unternehmen der Fall ist, die die Umwelt verschmutzen, weil sie nur ihren Jahresgewinn im Auge haben, oder bei Altersvorsorgesystemen, die dem Anstieg der Zahl der Rentenempfänger im Verhältnis zur Zahl der Beitragszahler nicht Rechnung tragen.

Der frühere französische Umweltminister Brice Lalonde schlägt folgende Definition vor: „Für mich ist es die Idee einer Wirtschaft, die es uns gestattet, ein angenehmeres Leben zu führen und zugleich den Zustand unserer Umwelt und unserer Gesellschaft zu verbessern, und dies ab heute und im Kontext der Globalisierung". So gesehen gibt die nachhaltige Entwicklung den Rahmen vor, in dem Fortschritt möglich ist: Die Wirtschaft ist ein Instrument, das uns bei der Verwirklichung des kollektiven Gesamtziels der Verbesserung der Lebensqualität *auf globaler Ebene* hilft. Voraussetzung für den Erfolg dieser Bemühungen ist es, die drei Pfeiler der Entwicklung auf demselben zukunftsweisenden Pfad zu vereinen.

So könnte es sinnvoll sein, das Aufkommen des Konzepts der nachhaltigen Entwicklung als einen grundlegenden Wandel in Bezug darauf zu sehen, wie Bürger und Regierungen ihre eigenen Aktivitäten, Aufgaben und Zuständigkeiten begreifen: An die Stelle eines Strebens nach Steigerung des materiellen Wohlstands als vordringlichstem Anliegen tritt ein komplexeres, von wechselseitigen Abhängigkeiten geprägtes Modell des Prozesses menschlicher Entwicklung.

Nachhaltige Entwicklung ist demnach:

➤ ein konzeptueller Rahmen, eine Methode zur Änderung der vorherrschenden Weltanschauung zu Gunsten einer ganzheitlicheren und ausgewogeneren Sichtweise;

Einfache Technik, große Wirkung: Insektizidbehandelte Moskitonetze

Nachhaltige Entwicklung bedeutet, alle uns zur Verfügung stehenden Mittel zur Steigerung des Wohlergehens der Menschen einsetzen, und wie das folgende Beispiel zeigt, kann schon mit einfachen Mitteln viel erreicht werden.

Alle dreißig Sekunden stirbt ein Kind an Malaria, und pro Jahr kostet diese Seuche über einer Million Menschen das Leben. Neben Kindern sind schwangere Frauen die Hauptopfer von Malaria. Die meisten Malariatoten werden in Afrika gezählt. Am schlimmsten betroffen sind arme Bevölkerungsgruppen und Gemeinden mit begrenztem Zugang zu Gesundheitsversorgung.

Malaria führt in einigen Ländern zu einer Wachstumseinbuße um jährlich 1,3% und ist mit für die erheblichen Unterschiede beim BIP zwischen von Malaria betroffenen und nicht betroffenen Ländern verantwortlich. Malaria kann z.B. die Fremdenverkehrsindustrie beeinträchtigen, da stark von der Seuche heimgesuchte Gebiete von Reisenden gemieden werden. Die mangelnde Bereitschaft von Geschäftsleuten, in solche Gegenden zu reisen und dort zu investieren, kann dazu führen, dass Märkte unterentwickelt bleiben. Landwirte können es sich nicht erlauben, dort arbeitsintensive Sorten anzubauen, weil in der Erntesaison die Gefahr besteht, dass zu viele Arbeitskräfte wegen Malaria ausfallen.

In manchen Ländern entfallen auf Malaria bis zu 40% der Gesundheitsausgaben, 30-50% der Krankenhauseinweisungen und 60% der ambulanten Behandlungen. Malaria hindert Kinder am Schulbesuch und kann dauerhafte neurologische Schäden verursachen. Sie beeinträchtigt die Verdienstkapazität kranker Arbeitskräfte und kann Familien in den Ruin treiben, weil sie für Arzneimittel, sonstige Behandlungen und Krankenhaustransporte aufkommen müssen.

Der Parasit, der Malaria auslöst, wird zunehmend resistent gegen Antimalariamittel, und es ist nicht damit zu rechnen, dass in absehbarer Zeit neue Medikamente auf den Markt kommen. Zugleich werden die Mücken, die Malaria übertragen, immer resistenter gegen Insektenvernichtungsmittel.

Es gibt jedoch eine einfache Technik, um Todesfällen vorzubeugen und die Verbreitung der Seuche einzudämmen: insektizidbehandelte Moskitonetze. Diese Netze schaffen eine Art chemischen Schutzschirm, der über den Stoff selbst hinausgeht, Moskitos fernhält, sie am Stechen hindert oder ihre Lebensdauer verkürzt, so dass sie die Krankheit nicht mehr übertragen können. Durch diese Netze müssen auch weniger Insektenvernichtungsmittel in Wohn- und sonstigen Räumen versprüht werden.

Trotz der Einfachheit dieser Technik muss jedoch eine Reihe von Bedingungen erfüllt werden, um ihren wirkungsvollen Einsatz zu gewährleisten:

- Die Menschen müssen durch Aufklärungs- und Sozialmarketingkampagnen vom Nutzen der Netze überzeugt und mit ihrer Verwendung vertraut gemacht werden.

- Moskitonetze, zu ihrer Herstellung verwendete Materialien und Insektizide sollten von Steuern und Zöllen befreit werden.

- Lokale Produzenten und Anbieter müssen gefördert werden, um die Kosten zu senken, damit die Moskitonetze erschwinglicher werden.

- Moskitonetze, die jahrelang benutzt werden können, ohne dass eine Neubehandlung notwendig wäre, müssen stärkere Verbreitung finden.

In Kenia hat sich die Zahl der Kleinkinder, die unter insektizidbehandelten Moskitonetzen schlafen, zwischen 2004 und 2006 dank eines Programms zur großflächigen kostenlosen Verteilung verzehnfacht. Die Todesrate dieser Kinder ist um 44% geringer als die von Kindern, die nicht durch solche Netze geschützt sind. Kenias Erfolgsgeschichte zeigt, dass drei Voraussetzungen erfüllt sein müssen, um die Verbreitung von Malaria wirkungsvoll einzudämmen: starkes politisches Engagement seitens der Regierung, intensive technische Unterstützung durch die WHO und ausreichende Finanzierung durch ausländische Geldgeber.

Mehr zu diesem Thema erfahren Sie auf der Website der *Roll Back Malaria Partnership*, die 1998 gemeinsam von WHO, UNICEF, UNDP und der Weltbank ins Leben gerufen wurde: *www.rollbackmalaria.org.*

> ➤ ein Prozess bzw. eine Vorgehensweise, um die Prinzipien der Integration – über räumliche und zeitliche Grenzen hinweg – auf sämtliche Entscheidungen anzuwenden;

> ➤ ein Endziel, nämlich die Identifizierung und Behebung der spezifischen Probleme von Ressourcenerschöpfung, Gesundheitsversorgung, sozialer Ausgrenzung, Armut, Arbeitslosigkeit usw.

Leichter gesagt als getan

Gesellschaft, Umwelt und Wirtschaft – werden damit nicht alle Lebensbereiche erfasst? Was uns bei der Betrachtung des Konzepts der nachhaltigen Entwicklung mit als erstes auffällt, ist die Weitläufigkeit der Thematik. Durch die Berücksichtigung der wirtschaftlichen, sozialen und ökologischen Aspekte der Entwicklung lässt sich letztlich eine äußerst breite Palette von Ansätzen, Maßnahmen und Projekten einbeziehen. Eine derart breite Palette, dass die nachhaltige Entwicklung – so könnte geltend gemacht werden – dadurch ihren Nutzen als Konzept verliert.

Dies könnte einer der Gründe sein, warum sich das Konzept der nachhaltigen Entwicklung trotz seiner großen Beliebtheit und seiner rasch zunehmenden Akzeptanz bei Regierungsmitgliedern, in der Zivilgesellschaft, in zahllosen Unternehmen sowie in vielen Kommunen und ungeachtet der seit über einem Jahrzehnt unternommenen Anstrengungen noch immer nicht in generellen Verhaltens- oder Politikänderungen niedergeschlagen hat. Frühe Befürworter des Konzepts hatten auf rasche Fortschritte gehofft, doch die Komplexität der zu lösenden Probleme, deren über kommunale, regionale und nationale Grenzen hinausreichenden Auswirkungen und die Tatsache, dass es grundsätzlich schwierig ist, die Einstellungen und Verhaltensweisen von Menschen zu ändern, führten dazu, dass diese Hoffnungen enttäuscht wurden.

Die Einbeziehung derart komplexer Sachverhalte in den Entscheidungsprozess wird aller Wahrscheinlichkeit nach Veränderungen der bisherigen Verhaltensweisen erfordern, auf Ebene des persönlichen Verbrauchs ebenso wie im internationalen Rechtsrahmen. Und Veränderungen sind fast nie einfach, selbst wenn sie eindeutig notwendig sind. Besonders schwierig wird die Sache, wenn von einer der „Säulen", von einer Branche, einem Land oder einer Generation Opfer zu Gunsten anderer verlangt werden, ganz gleich, ob es sich um echte oder nur um unterstellte Nachteile handelt.

Man hört noch immer recht häufig, dass es bei der nachhaltigen Entwicklung in erster Linie um die Umwelt geht. Das Konzept der nachhaltigen Entwicklung geht zwar in der Tat ursprünglich auf Überlegungen über die Gefahren umweltschädlicher Praktiken zurück, wie die Zerstörung der Ozonschicht durch FCKW oder die Verseuchung von Böden und Wasserreserven durch Pestizide, es umfasste jedoch stets auch eine soziale Dimension.

Frauen und nachhaltige Entwicklung

Eine Hälfte des weltweiten Humankapitals – das der Frauen nämlich – wird derzeit in aller Welt nicht genügend geschätzt und nicht ausreichend genutzt ... Durch eine bessere Ausschöpfung des Potenzials der weiblichen Weltbevölkerung könnte das Wirtschaftswachstum gesteigert, die Armut bekämpft, das gesellschaftliche Wohlergehen erhöht und die nachhaltige Entwicklung in allen Ländern gefördert werden.

Gender and Sustainable Development: Maximising the Economic, Social und Environmental Role of Women

Den Frauen kommt bei der Steigerung der Wirtschaftsleistung, der Verbesserung der gesellschaftlichen Situation und dem Schutz der Umwelt eine zentrale Rolle zu. Weltweit ist das Pro-Kopf-Einkommen jeweils in den Ländern am niedrigsten, in denen das Bildungsniveau der Frauen deutlich unter dem der Männer liegt. Dies lässt darauf schließen, dass Investitionen in die weibliche Bevölkerung ein erster Schritt zur Erhöhung des Wohlergehens der Gesamtbevölkerung sind. Für Afrika haben Studien ergeben, dass die Ernteerträge um bis zu 20% erhöht werden könnten, wenn Frauen gleichberechtigten Zugang zu Kapital erhielten. Doch auch Industriestaaten können davon profitieren, wenn das Potenzial der Frauen stärker ausgeschöpft wird: Das BIP des Vereinigten Königreichs könnte z.B. um 2% gesteigert werden, wenn die Qualifikationen von Frauen besser genutzt würden. Die Verbesserung der Ausbildung von Mädchen und Frauen ist auch mit sozialen Nutzeffekten verbunden, darunter niedrigere Geburtenziffern, eine geringere Säuglings- und Müttersterblichkeit und eine bessere Ernährung für die gesamte Familie. Daten aus Entwicklungsländern zeigen, dass 1-3 Jahre Schulbesuch für die Mütter zu einem Rückgang der Kindersterblichkeit um 15% führen, während mit der gleichen Menge an Schulbildung für die Väter nur eine Abnahme um 6% erzielt wird.

Frauen stehen auch im Umweltbereich an vorderster Front. 2004 wurde Wangari Maathai für ihre Arbeit in der „Grüngürtelbewegung", die sich für die Aufforstung weiter Gebiete in Kenia einsetzt, mit dem Friedensnobelpreis ausgezeichnet. Die 30 Millionen Bäume, die im Rahmen dieses Projekts von Frauen gepflanzt wurden, liefern Brennholz, dienen als Unterstand, verbessern die lokale Klimasituation und beugen der Bodenerosion vor. In ihrer Dankesrede bei der Preisverleihung sagte Wangari Maathai: „Überall in Afrika sind es die Frauen, die die wichtigsten Aufgaben übernehmen und die große Verantwortung für die Bestellung der Felder und die Nahrungsversorgung ihrer Familien tragen. Folglich sind sie häufig die ersten, die sich Umweltschäden bewusst werden, weil Ressourcen knapp werden und es für sie schwierig wird, ihre Familien zu unterhalten." Maathai zeigt jedoch, dass es häufig auch die Frauen sind, die den Schlüssel zur Lösung der Probleme haben.

Die Verbesserung der Situation der Frauen weltweit ist eindeutig ein erster Schritt auf dem Weg zur nachhaltigen Entwicklung – nicht umsonst ist dies auch eine der Schlussfolgerungen der Agenda 21.

Wie dem auch sei, gehen Diskussionen darüber, ob nachhaltige Entwicklung eher auf die Umwelt oder auf die Menschen ausgerichtet ist, am Thema vorbei: Was nachhaltige Entwicklung wirklich definiert, sind die Verknüpfungen zwischen Menschen, Wirtschaft und Gesellschaft zum einen und den Ökosystemen, auf die sie sich stützen, zum anderen. „Umweltprobleme sind in Wirklichkeit soziale Probleme", sagte Sir Edmund Hilary, der erste Bezwinger des Mount Everest, „sie beginnen mit Menschen als Ursache und enden mit Menschen als Opfer".

So können wir nachhaltige Entwicklung als eine große Theorie, als einen Prozess oder auch als einen Katalog an Leitlinien für die Praxis sehen, der es uns ermöglicht, sinnvolle Entwicklungsentscheidungen zu treffen, d.h. solche, die nicht blind nach Wachstum in einem Bereich streben, während die in anderen Bereichen verursachten Schäden unbeachtet bleiben. Wir können uns für den einen oder anderen dieser Standpunkte entscheiden oder auch für alle drei, vorausgesetzt, wir verfügen über die nötigen Informationen, um ehrlich über unsere Aktivitäten und deren Auswirkungen zu urteilen – und die „schweren" Entscheidungen zu treffen, die gutes Management häufig erfordert.

Die Anwendung der Prinzipien der nachhaltigen Entwicklung beinhaltet effektiv nicht mehr, als die Regeln guten Managements auf sämtliche Ressourcen anzuwenden, so wie wir es auch tun, wenn wir ein florierendes Unternehmen gründen oder ein neues Haus bauen möchten. Statt potenzielle Konflikte zu übersehen, können wir vorausplanen und alle entscheidenden Elemente gleich von Anfang an in unsere Überlegungen einbeziehen. Natürlich ist dies leichter gesagt als getan: Es fällt uns schwer, jetzt Geld auszugeben, um etwas zu verhindern, das in Zukunft eintreten „könnte" – genauso schwer, wie es uns fällt, Mittel für die Behebung eines Problems in einem anderen Teil der Welt aufzuwenden. In Wirklichkeit ist die Zukunft jedoch näher als wir denken, und in unserer globalisierten Welt kann, was uns fern erscheint, plötzlich ganz nah rücken. Indem wir dem Beispiel der stetig wachsenden Zahl von Einzelpersonen, Unternehmen und Regierungen folgen, die ihre Planungsentscheidungen unter der Perspektive der nachhaltigen Entwicklung treffen, können wir uns und unseren Kindern eine bessere Zukunft sichern.

Weitere Informationen

OECD

Im Internet

Allgemeine einführende Informationen über die Arbeit der OECD im Bereich nachhaltige Entwicklung finden sich unter: *www.oecd.org/sustainabledevelopment.*

Veröffentlichungen

Sustainable Development: Critical Issues (2001):
Dieser Bericht, mit dem einem 1998 vom OECD-Ministerrat erteilten Auftrag nachgekommen wurde, unterstreicht die Bedeutung einer raschen Bewältigung der größten Herausforderungen der nachhaltigen Entwicklung. Dabei werden konzeptuelle Grundlagen der nachhaltigen Entwicklung, Methoden zu ihrer Messung und institutionelle Reformen für ihre Umsetzung analysiert. Anschließend wird erörtert, wie Handel und Investitionen – genauso wie Entwicklungszusammenarbeit – zu nachhaltiger Entwicklung auf globaler Ebene beitragen können, wozu die Erfahrungen verschiedener OECD-Länder mit dem Einsatz marktorientierter regulatorischer und technologiepolitischer Maßnahmen für eine kosteneffiziente Verwirklichung von Nachhaltigkeitszielen untersucht werden.

Sonstige Dokumente

OECD Contribution to the United Nations Commission on Sustainable Development 15: Energy for Sustainable Development (2007):
Unter dem Titel „Energie für nachhaltige Entwicklung" sind in dieser Broschüre Ergebnisse aus OECD-, IEA- und NEA-Berichten aus den Bereichen Energie, Klimawandel und nachhaltige Entwicklung zusammengefasst. Das Hauptaugenmerk gilt vier Themen:
a) Ausweitung des Zugangs zu Energie in Entwicklungsländern;
b) Ausbau von Forschung, Entwicklung und Technologieverbreitung im Energiebereich;
c) Förderung von Energieeffizienz und Energiediversifizierung;
d) Nutzung von Klimaschutzmaßnahmen im Energiebereich.

Gender and Sustainable Development: Maximising the Economic, Social and Environmental Role of Women (2008):
Als Gruppe wurden Frauen – ebenso wie der potenzielle Beitrag, den sie zum wirtschaftlichen und sozialen Fortschritt und zum Umweltschutz leisten können – an den Rand gedrängt. Durch eine bessere Nutzung der weiblichen Weltbevölkerung könnte das Wirtschaftswachstum gesteigert, die Armut bekämpft, das gesellschaftliche Wohlergehen erhöht und die nachhaltige Entwicklung in allen Ländern gefördert werden. Zur Beseitigung der Benachteiligung der Frauen bedarf es weitsichtiger staatlicher Maßnahmen, in denen die Genderdimension berücksichtigt ist.

Bei diesem Bericht handelt es sich um einen Beitrag der OECD zur UNCSD und deren ressortübergreifenden Arbeiten im Bereich Genderpolitik. Er soll ein besseres Verständnis der Rolle der Frauen bei der Sicherung der drei Säulen der nachhaltigen Entwicklung – Wirtschaft, Gesellschaft und Umwelt – vermitteln.

**Advancing Sustainable Development,
OECD Policy Brief (2006):**
In diesem Policy Brief werden die Fortschritte untersucht, die von der OECD und ihren Mitgliedsländern auf dem Weg zu nachhaltiger Entwicklung erzielt wurden, wobei auch darauf eingegangen wird, wie dieser Prozess durch die Arbeit der OECD sowie politikbezogene Diskussionen weiter verbessert werden kann.

Alle hier genannten Titel sind verfügbar unter: *www.oecd.org/sustainabledevelopment.*

Andere Quellen

Unsere gemeinsame Zukunft (Brundtland-Bericht), (Eggenkamp Verlag, Greven, 1987)
Mit diesem 1987 erschienenen Bericht der Weltkommission für Umwelt und Entwicklung der Vereinten Nationen wurden Umweltfragen erstmals auf die weltpolitische Tagesordnung gesetzt. Zugleich wurde damit das Fundament für den Erdgipfel von Rio im Jahr 1992, die Verabschiedung der Agenda 21 und der Rio-Deklaration sowie für die Einrichtung der Kommission für nachhaltige Entwicklung gelegt.

3

In der interdependenten Welt von heute greifen wirtschaftliche Trendentwicklungen, die sich in einem Land vollziehen, auf viele andere Länder über, und die Internationalisierung von Produktion und Handel hat Auswirkungen auf alle nationalen Volkswirtschaften. Ressourcenmanagement, Umweltschutz und Klimawandel sind alles Themenbereiche, die von Natur aus über geografische Grenzen hinausgehen. Die Bewältigung der Herausforderungen der nachhaltigen Entwicklung ist daher ein prioritäres Anliegen, das alle Länder und Gemeinschaften der Welt teilen.

Herausforderungen einer globalen Welt

Zur Einleitung ...

Ahoto ist ein Dorf aus strohgedeckten Lehmbauten im nigerianischen Bundesstaat Jigawa. Über Jahrhunderte hinweg nahm das Leben dort denselben Lauf. Die mageren Erträge der schwer bestellbaren Felder, die im Norden an die Sahara grenzen, lieferten den Menschen gerade das Nötigste, um ihren Grundbedarf zu decken. All das begann sich jedoch vor kurzem mit dem Einzug der Solarenergie zu ändern, durch den sich die Lebensbedingungen der Menschen in Ahoto erheblich verbesserten.

Garba Bello, der Dorfvorsteher, ist über diese Veränderungen hoch erfreut. Für etwa 4 Dollar pro Monat kann er eine der in Ahoto installierten Solarlichtanlagen nutzen, und er weiß die Vorteile, die die Solarenergie seiner Familie und vor allem seinem Dorf insgesamt bringt, sehr zu schätzen. „Der Unterschied ist gewaltig", sagt er. „Jetzt gehen die Menschen abends nach draußen und reden miteinander. Früher konnten sie nach Anbruch der Dunkelheit noch nicht einmal das Haus ihres Nachbarn sehen."

Das Solarenergieprojekt hat Ahoto und den beiden anderen Dörfern der Region, die daran teilnehmen, mehr als nur Licht gebracht. Ein neues „Einkaufszentrum" fördert die Entwicklung von Unternehmen und kurbelt die Wirtschaftätigkeit an, was dringend notwendig ist. Und auch die Bildungsmöglichkeiten verbessern sich: Nach Sonnenuntergang können die Frauen nun Abendkurse besuchen und die Kinder ihre Hausaufgaben machen.

Mit diesem Projekt in Jigawa, das von Nichtregierungsorganisationen in Zusammenarbeit mit der Regierung des Bundesstaats sowie ausländischer Unterstützung umgesetzt wird, soll eine vielversprechende Form des Einsatzes alternativer Energien noch einen Schritt weitergebracht werden. Anders als in früheren Projekten, die sich nur auf einen einzigen Verwendungszweck konzentrierten, wie beispielsweise Wasserpumpen, zielt dieses Projekt darauf ab, den *gesamten* Energiebedarf eines Dorfes zu decken, von der Bildung bis zum Handel über Sicherheit und Frauenförderung. Entsprechend erhalten die Teilnehmer das notwendige Rüstzeug, um in allen Bereichen ihrer Entwicklung gleichzeitig voranzukommen.

Neben den hieraus für die Gesellschaft und Wirtschaft erwachsenden Vorteilen wurden auch positive Effekte auf die Gesundheit beobachtet. Die Dorfbewohner haben dank der effizienteren Solarpumpen, die das Wasser aus tiefer gelegenen, weniger verschmutzten Quellen hochpumpen und an Haushalte und Gemeinschaftswasserstellen verteilen, nun endlich Zugang zu sauberem Trinkwasser. Dank dieses leichteren Zugangs zu verhältnismäßig kostengünstigem Trinkwasser sparen sie zudem beachtlich viel Zeit, da sie das Wasser nun nicht mehr mit Eimern oder Handpumpen aus Brunnen schöpfen müssen. Tätigkeiten, die bei

Sonnenuntergang eingestellt werden mussten, können nun fortgesetzt werden, und dies unter sehr viel gesünderen Bedingungen. Die gefährlichen und schmutzigen Kerosinlampen kommen kaum noch zum Einsatz, was nennenswerte Auswirkungen auf die Gesundheit hat. Jedes Jahr sterben etwa 1,5 Millionen Menschen vorzeitig an den Effekten von Luftverschmutzung in Innenräumen durch das Verbrennen von Holz, Holzkohle und Abfall, d.h. mehr als an Malaria, nahezu ebenso viele wie an Tuberkulose und nahezu halb so viele wie an HIV/AIDS.

Die Eleganz dieser Lösung liegt in ihrer Einfachheit – sie besteht darin, eine Etappe der traditionellen Technologieentwicklung zu umgehen bzw. zu überspringen, um direkt eine sehr viel sauberere und nachhaltigere Technik einzusetzen. Projekte wie das in Ahoto sind gemessen am enormen Energiebedarf in den Entwicklungsländern bisher allerdings noch viel zu selten: Dem gegenwärtigen Trend nach zu urteilen, werden im Jahr 2030 noch immer 1,4 Milliarden Menschen nicht an ein Stromnetz angeschlossen sein.

In Kapitel 1 und 2 haben wir gesehen, wie massives Wachstum ebenso viele Probleme schaffen wie lösen kann – Probleme, die z.T. schwerwiegend sind und sehr destruktive Folgen haben können. Nicht minder wichtig ist die Tatsache, dass das Wachstum zudem einigen Gruppen zugute kommen kann, während andere außen vor bleiben, was durch Indikatoren wie die BIP-Zuwachsraten der Länder häufig verdeckt wird. Und schließlich kann auch nicht von einem wirklich „guten" Wachstum die Rede sein, wenn das Vermögen kurzfristig zwar steigt, dieser Anstieg aber zu Lasten des langfristigen Wohlstands oder gar der künftigen Überlebenschancen geht.

▶ In diesem Kapitel betrachten wir die nachhaltige Entwicklung vor dem Hintergrund der für den Zusammenhalt unserer globalisierten Gesellschaft von heute zentralen Frage: Wie können wir das Wachstum in einer Weise fördern, bei der die bisherigen Errungenschaften der Industrieländer in den Bereichen Gesundheit und Lebensstandard gewahrt bleiben und gleichzeitig erreicht wird, dass sich die Lebensbedingungen all jener verbessern, die bislang zu kurz gekommen sind – und dies, ohne der Umwelt, von der wir abhängen, dauerhaften Schaden zuzufügen? Werden wir künftig mehr solche erfolgreichen Entwicklungen erleben, wie wir sie in Ahoto in den letzten Jahren beobachten konnten?

Globalisierung: ein alter Prozess mit neuer Dimension

Dem Phänomen der Globalisierung wurde in den letzten Jahren sehr viel Aufmerksamkeit gewidmet. Sozialwissenschaftler, Politikexperten und Kulturkritiker haben versucht zu erklären, wie die

Globalisierung unsere Welt verwandelt hat. Handelt es sich aber wirklich um ein neues Phänomen? Haben die Menschen, seitdem sie in der Lage sind, große Entfernungen zu überwinden und die Welt zu erkunden, nicht immer wieder versucht, herauszufinden, welche Lebensformen neben ihrer eigenen existieren, diese fremden Kulturen zu verstehen und daraus Nutzen zu ziehen?

Die große Zeit der Entdeckungsreisen und die verschiedenen Wellen der Kolonialisierung bezeugen diesen Wunsch, hinter dem sich ganz unterschiedliche Motive verbergen. Das Interesse an der Erkundung der Welt, der Wunsch, bessere Überlebensmethoden kennenzulernen, wenn lokale Formen gescheitert sind, das Streben nach Ansehen und Reichtum, die Notwendigkeit, Güter durch Handel zu beschaffen, die man selbst nicht produzieren kann, und der Ehrgeiz, Ruhm ins Land zu bringen – all diese unterschiedlichen Beweggründe haben zusammengewirkt und die Entwicklung der menschlichen Gesellschaft in eine Richtung gelenkt, unter deren Einfluss sich der Grad der Vernetzung der Welt im Laufe der Zeit immer stärker erhöht hat.

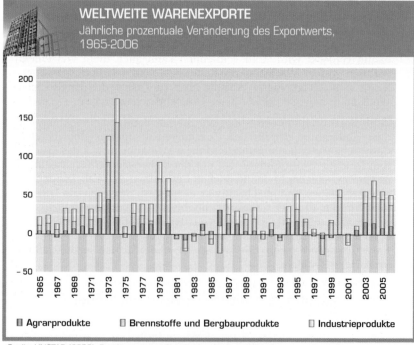

Quelle: UNCTAD (2008), Development and Globalization: Facts and Figures.

Heutzutage beinhaltet die Globalisierung mehr als den Handel einiger reicher Länder mit weit entfernten Regionen am anderen Ende der Welt. Geopolitik, Technologie und Finanzen haben die Konsum- und Produktionsstrukturen überall auf dem Globus verändert. Allein im letzten Jahrzehnt ist der Weltarbeitsmarkt um etwa eine Milliarde Menschen gewachsen. Bessere Kommunikationsmittel und sinkende Transportkosten haben das Waren- und Dienstleistungsangebot auf den nationalen Märkten stark erweitert. Und auf Grund des größeren Angebots an günstigen Arbeitskräften in Kombination mit Technologien, die den Handelsaustausch erleichtern, erstrecken sich die „Wertschöpfungsketten" – d.h. die zahlreichen Schritte, in deren Verlauf Material, Wissen und Arbeit in marktfähige Produkte verwandelt werden – nunmehr über den gesamten Planeten. Neu an der Globalisierung in den letzten dreißig Jahren ist, dass wir uns einem Punkt nähern, an dem die Vernetzung nicht mehr die *Ausnahme*, sondern die *Regel* ist.

Laut Angaben der Welthandelsorganisation hat der internationale Handel in den vergangenen zehn Jahren mit jährlichen Zuwachsraten von etwa 6% kontinuierlich expandiert. China steht diesbezüglich an erster Stelle mit einem Anstieg der Warenexporte um 27%, während der Anteil der Entwicklungsländer an den weltweiten Warenexporten einen historischen Rekordwert von 36% erreichte. Es ist mittlerweile eine Tatsache, dass das fortgesetzte Wachstum unserer Volkswirtschaften vom internationalen Handelsaustausch abhängt.

Ob wir nun über Handel und Investitionen, Politik oder Kultur sprechen, überall stoßen wir auf unzählige Beispiele für Verknüpfungen und Interdependenzen. Denken wir nur einfach an die Nahrung, die wir zu uns nehmen, an die Kleidung, die wir tragen, oder an Internetseiten wie YouTube: Die Dinge, die wir in unserem Alltag nutzen, stammen aus zahlreichen verschiedenen, geografisch diversifizierten Quellen. Tagtäglich schöpfen wir aus dem Angebot der Welt und sind uns dabei selten bewusst, wie all diese diversen Verbindungen zustande gekommen sind und zusammenwirken.

Diese Veränderungen in unserem Alltag hängen mit großen internationalen Entwicklungen zusammen. So hat die Mobilität von Geld und Waren deutlich zugenommen: Die Handelsregeln sind zur Förderung des Wettbewerbs „liberalisiert" oder geändert worden, und Unternehmen haben über die Grenzen ihres Ursprungslands hinaus expandiert, um überall auf dem Globus neue Märkte zu erschließen. Diese erhöhte Mobilität und der stärkere Austausch haben neue Möglichkeiten des Handels, der kommerziellen Expansion und des globalen Wachstums eröffnet, wodurch die Welt – im Durchschnitt – reicher wurde.

In den letzten Jahren hat sich die internationale Wirtschaftslandschaft in der Tat augenfällig verändert, was die Rolle des Handels als treibende Kraft der wirtschaftlichen Entwicklung bestätigt und Anhaltspunkte dafür liefert, welche Vorteile eine Fortsetzung der Handelsliberalisierung unter günstigen Bedingungen für die globale Wirtschaft generell mit sich bringen kann.

Douglas Lippoldt, *Trading Up: Economic Perspectives on Development Issues in the Multilateral Trading System*

Diese „neue" globale Dimension – wirtschaftlicher, politischer und sozialer Natur – bietet scheinbar unbegrenzte Möglichkeiten. Allerdings stehen diese Chancen nicht allen gleichermaßen offen, und daher müssen Mittel und Wege gefunden werden, um hier ein Gleichgewicht herzustellen. Der Ökonom und Nobelpreisträger Joseph Stiglitz hat zu dieser Frage jüngst geschrieben, dass die nationale Politik angesichts der wirtschaftlichen Globalisierung zu einem ständigen Aufholrennen mit der internationalen Entwicklung verdammt ist. Er hebt hervor, dass die Globalisierung die Rolle des Nationalstaats in mancherlei Hinsicht verändert hat, da zahlreiche wichtige Themen inzwischen nicht mehr in den alleinigen Zuständigkeitsbereich eines einzelnen Landes fallen. Trotz dieser Verlagerung, so stellt Stiglitz fest, sind auf internationaler Ebene bislang noch keine demokratischen globalen Institutionen eingerichtet worden, die in der Lage wären, die von der Globalisierung geschaffenen Probleme wirksam anzugehen.

Eine zweigeteilte Welt

Die Globalisierung hat die Beziehungen, die uns über geografische Grenzen hinaus verbinden, verstärkt und möglicherweise auch unsere Denkweise über die „Welt" verändert. Doch trotz unserer immer zahlreicheren Verbindungen leben wir ganz offensichtlich nicht alle unter den gleichen Verhältnissen, genießen wir nicht alle denselben Lebensstil und haben wir nicht alle die gleichen Möglichkeiten. Das Leben in der Gesellschaft war seit Anbeginn vom Nebeneinander von „Reichen, die alles haben," und „Armen, die nichts besitzen," geprägt. In der medienreichen Kultur von heute ist es kaum möglich, sich der eklatanten Unterschiede nicht bewusst zu sein, die in Bezug auf den Lebensstandard in unterschiedlichen Teilen der Welt bestehen, obwohl wir alle an derselben Weltwirtschaft teilhaben.

Wo wir geboren werden, aufwachsen und leben hat großen Einfluss. Ein Kind, das heute in Europa aufwächst, erhält im Durchschnitt alle notwendigen Impfungen, wird zahnärztlich versorgt, hat ausreichende Bildungsmöglichkeiten und natürlich auch mehr als genug zu essen. Es kann damit rechnen, an einer Hochschule zu studieren, zu reisen, einen Arbeitsplatz zu finden und eine angemessene

Rente zu beziehen, die zumindest z.T. von einer stabilen Regierung garantiert wird. Das Wirtschaftswachstum liegt in solchen OECD-Ländern bei etwa 2,5%, was ausreicht, um die Lebensqualität auf ihrem jetzigen Niveau zu halten und hoffentlich weiter zu steigern, sofern die verfügbaren Ressourcen vernünftig bewirtschaftet werden.

Trotz der erzielten Fortschritte bleiben enorme Herausforderungen zu bewältigen. Weltweit herrscht nach wie vor große Ungleichheit, und globale Probleme – wie der Klimawandel – nehmen weiterhin an Bedeutung zu.

Richard Manning, *Entwicklungszusammenarbeit – Bericht 2007*

Einige andere Länder haben nach langen Phasen des Nullwachstums oder der Wachstumsschwäche jüngst an Tempo zugelegt – zumindest in Bezug auf den Anstieg ihres Bruttoinlandsprodukts (BIP). Ein Großteil ihrer Bevölkerung lebt aber dennoch nach wie vor in „einer anderen Welt". In Indien, wo das Wachstum in den vergangenen vier Jahren im Durchschnitt 8,5% erreichte, müssen noch immer 300 Millionen Menschen mit umgerechnet weniger als einem Dollar pro Tag auskommen. Und trotz des ermutigenden Wachstums in Afrika – mit einer Zuwachsrate von durchschnittlich über 5% für den Kontinent insgesamt im Jahr 2007, dem vierten aufeinanderfolgenden Jahr mit

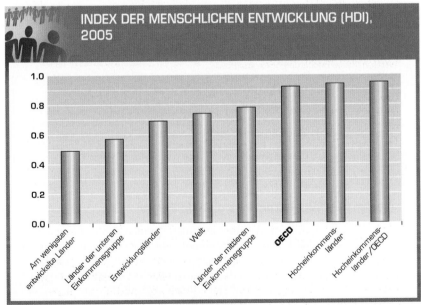

Quelle: UNDP (2007), Human Development Report 2007/2008.

Rekordwachstum – bleibt die Lebenserwartung in vielen afrikanischen Ländern erschreckend niedrig. In Swasiland liegt die durchschnittliche Lebenserwartung bei 39,6 Jahren – d.h. weniger als der Hälfte der durchschnittlichen Lebenszeit in Japan, dem Land mit der höchsten durchschnittlichen Lebenserwartung.

In der Tat müssen wir uns angesichts der unterschiedlichen Geschwindigkeiten, mit denen die Länder grundlegende Entwicklungsziele erreichen, die Frage stellen: Wird das Wirtschaftswachstum in naher Zukunft für Chancengleichheit unter allen Bürgern sorgen? Was kann noch unternommen werden, um zu gewährleisten, dass eine größere Zahl unterentwickelter Gemeinschaften auf der Welt so rasch und wirksam wie eben möglich dahingehende Fortschritte erzielt?

Nord und Süd, oben und unten

Lange Zeit haben wir zur Beschreibung von Unterschieden in Bezug auf Wohlstand und soziale Gerechtigkeit allgemein übliche Begriffsdichotomien wie „Industriestaaten und Entwicklungsländer" oder „Nord und Süd" verwendet, wobei letztere einen geografischen Ursprung hat und sich anfänglich auf die Vereinigten Staaten und Kanada im Vergleich zu Mittel- und Südamerika sowie Europa im Vergleich zu Afrika bezog.

Mittlerweile hat dieser Ausdruck eine wirtschaftliche Bedeutung bekommen und bezieht sich auf die Unterschiede zwischen Hocheinkommensländern und ärmeren Ländern, die in verschiedenen Entwicklungsbereichen hinterherhinken: Einkommen, Bildungsniveau, Zugang zu Gesundheitsversorgung, um nur einige zu nennen. Mit dem raschen wirtschaftlichen Aufstieg von Ländern wie Indien, China, Brasilien und

Russland, die sich keiner der Kategorien so recht zuordnen lassen, verwischen sich jedoch zunehmend die Grenzen. Es bleibt aber deutlich, dass einige Länder („der Norden") in der Lage sind, ihren Bürgern fortgeschrittene Sozialleistungen, höhere Einkommen und eine bessere Umweltqualität zu bieten – wobei sich die Situation praktisch allen statistischen Messgrößen zufolge von Jahr zu Jahr verbessert –, während viele andere Länder (der „Süden") in diesem Bereich noch nicht einmal ein Basisniveau erreicht haben.

Für einige Beobachter liegt diese Zweiteilung in der Natur der Dinge. Eine immer größere Zahl von Bürgern betrachtet dieses zweigliedrige System heute jedoch nicht nur als unfair, sondern auch als etwas, das sich auf lange Sicht, selbst für jene unter uns, die im „Norden" leben, nachteilig auswirkt.

Nationales Wachstum hat globale Folgen

In China, Indien und anderen aufstrebenden Volkswirtschaften vollzieht sich das Wachstum in einem sehr raschen Tempo, mit all den positiven und negativen Folgen einer intensiveren Produktion und verstärkten Wirtschaftstätigkeit. Allein schon wegen der Größe dieser Länder haben die Entscheidungen, die sie in Bezug auf die Orientierung ihres Wachstums treffen, auf internationaler Ebene erhebliche Auswirkungen. In allen Medien wurde darüber berichtet, dass mit der Entwicklung Chinas zum weltgrößten CO_2-Emittenten im

Jahr 2007 eine symbolische, bedeutungsschwere Wende eingetreten ist. Wir dürfen jedoch nicht vergessen, dass der Pro-Kopf-Ausstoß in diesem Land immer noch weit unter dem der OECD-Länder liegt. Mit dem Grundsatz der „gemeinsamen, aber unterschiedlichen Verantwortung" (*shared, but differentiated responsibility*) zwischen Industrie- und Entwicklungsländern wird versucht, dieser Tatsache Rechnung zu tragen. Mit diesem auf dem Weltgipfel für nachhaltige Entwicklung in Johannesburg 2002 formulierten Prinzip wurde konkret anerkannt, dass Industrie- und Entwicklungsländer nicht in gleichem Maße zu den globalen Umweltproblemen beigetragen haben und auch nicht in gleichem Umfang über Finanzmittel und Technologien zur Bewältigung dieser Probleme verfügen.

Die globale Bedeutung rasch aufstrebender Volkswirtschaften nimmt in dem Maße zu, wie sie sich zu wichtigen Wirtschafts- und Handelspartnern, Wettbewerbern und Schadstoffverursachern in einer Größenordnung entwickeln, die mit der der größten OECD-Länder vergleichbar ist.

OECD-Umweltausblick bis 2030

Umweltfolgen wie der Klimawandel kennen keine Grenzen, was bedeutet, dass jedes Land in Fragen des Umweltschutzes eine globale Perspektive einnehmen muss. Die derzeitige Wirtschaftsleistung der Vereinigten Staaten und der europäischen Volkswirtschaften – mit einem Jahres-BIP von etwa 14 Bill. US-$ bzw. 16 Bill. US-$ – ist das Resultat eines intensiven Verbrauchs natürlicher Ressourcen bei fast vollständiger Abhängigkeit von fossilen Brennstoffen. Der heutige Klimawandel ist größtenteils auf die vergangenen Emissionen der reichen Länder zurückzuführen. Das ökonomische Modell, das diese Entwicklung vorangetrieben hat, hatte schwerwiegende Folgen für die Umwelt, darunter die dauerhafte Zerstörung einiger Arten und Ökosysteme sowie ein Anstieg des atmosphärischen CO_2, der nach Auffassung der meisten Wissenschaftler unser Klima derzeit bereits verändert. Genau dieses Modell mit all seinen Folgen wird gegenwärtig von anderen Ländern in einem rascheren Tempo reproduziert.

Auf Grund des globalen Charakters unserer Wirtschaft sind wir immer stärker mit anderen Ländern verknüpft. Versorgungsengpässe auf der anderen Seite des Globus können dramatische Folgen für uns haben, wenn sie bei uns die Preise für Nahrungsmittel und Öl in die Höhe treiben oder vor Ort zum Einsatz von Streitkräften führen. Einwohner von Regionen mit düsteren Wirtschaftsaussichten können sich veranlasst sehen, alle möglichen Mittel zu nutzen, um in wohlhabendere Länder auszuwandern. Auch wenn die positiven Effekte der Zuwanderung in den OECD-Ländern – wie z.B. die Bereitstellung von dringend benötigten Arbeitskräften – eindeutig belegt sind, kann die Auswanderung aus humanitären und wirtschaftlichen Gründen eine Belastung für die Sozialsysteme sowohl der Herkunfts- als auch der Aufnahmeländer der Migranten darstellen, insbesondere in Krisensituationen oder falls es sich beim Aufnahmeland um ein Entwicklungsland handelt.

Bis 2030 wird die Weltbevölkerung von heute 6,5 Milliarden voraussichtlich auf 8,2 Milliarden steigen. Diese dem jüngsten *OECD-Umweltausblick* entnommenen Projektionen können beängstigend wirken, wenn man bedenkt, dass die Ressourcen unseres Planeten in vielerlei Hinsicht bereits bis an ihre Kapazitätsgrenze ausgeschöpft sind. Ein Großteil dieses Bevölkerungswachstums wird auf die als BRIICS bekannten rasch aufstrebenden Volkswirtschaften Brasilien, Russland, Indien, Indonesien, China und Südafrika entfallen. Welche Form wird dieses Wachstum annehmen? Und wie können wir alle zu nachhaltigeren Wachstumsmodellen übergehen?

Gleiche Spielregeln für alle

Wer die Umweltbilanz aufstrebender Volkswirtschaften kritisiert, begibt sich auf unsicheres Terrain, weil damit zugleich die Frage des „Rechts" der Entwicklungsländer auf Umweltverschmutzung bzw. ihres Zugangs zu fortgeschritteneren, weniger schädlichen Technologien aufgeworfen wird. Europa und die Vereinigten Staaten haben über mehrere Jahrhunderte eine massive Entwaldung und industrielle Verschmutzung betrieben, bevor sie strenge Umweltbestimmungen eingeführt haben. Warum sollten für China und Indonesien heute andere Spielregeln gelten als für die Industrieländer in der Vergangenheit?

> Von China und Indien kann nicht gesondert verlangt werden, ihr Wirtschaftswachstum aus moralischen Gründen zu drosseln, nur weil die weltweite Energienachfrage untragbar steigt und mit dieser Erhöhung Risiken verbunden sind, wie Versorgungsengpässe, Preissteigerungen und Umweltschäden. All dies sind globale Probleme, die auf globaler Eben gelöst werden müssen.
>
> *World Energie Outlook 2007: China and India Insights*

In der Tat wird es häufig als unfair empfunden, wenn die reichen Länder den armen Ländern in Bezug auf den Ressourceneinsatz Lektionen erteilen. Sind es nicht die Industrieländer, die auf Grund ihrer Größe, ihrer Geschichte und des Volumens ihrer Wirtschaftätigkeit für den Großteil des Ressourcenverbrauchs und mithin der Probleme verantwortlich sind, die sich aus einer nicht nachhaltigen Entwicklung ergeben? Zwar müssen alle großen Emissionsverursacher Abhilfe schaffen, doch obliegt es den Industrieländern, bei der Bewältigung des Klimawandels die Führungsrolle zu übernehmen. Eine nicht nachhaltige Entwicklung schlägt sich in Form von globalen Problemen nieder – wie Ozonschichtabbau, Klimawandel und Verlust an biologischer Vielfalt –, die für jeden spürbar sind; wünschenswert wäre es, dass auch die Vorteile einer nachhaltigen Entwicklung jedem zuteil werden. Unabhängig davon, ob es nun um die Lebensqualität der Menschen oder eine vernünftige Bewirtschaftung natürlicher Ressourcen geht, setzt eine erfolgreiche nachhaltige Entwicklung die Teilnahme der Länder, Regionen und Kommunen auf allen Stufen des Entwicklungsprozesses voraus.

So stellt sich nun die Frage, *wie* sich die Last der Verantwortung für die Erreichung eines gut gesteuerten Wachstums am gerechtesten verteilen lässt. Die Entwicklungsländer müssen mit dem Klimawandel und anderen von ihnen nicht verursachten Problemen fertig werden, ohne für deren Bewältigung über dieselben Mittel zu verfügen wie die Industrieländer. Die Industriestaaten können ihnen dabei helfen, indem sie den Ländern zusätzlich zur regulären Entwicklungszusammenarbeit Technologien, Finanzmittel und Know-how zur Bewältigung dieser Probleme zur Verfügung stellen.

Seit über einem halben Jahrhundert hat die internationale Staatengemeinschaft diverse Formen der Entwicklungszusammenarbeit ins Leben gerufen und Milliarden Dollar für verschiedene Projekte aufgewendet, die darauf ausgerichtet sind, in den ärmeren Ländern das Wachstum anzukurbeln und den Lebensstandard zu verbessern. Damit globale Entwicklungsziele, wie beispielsweise die Millenniumsentwicklungsziele erreicht werden können, besteht derzeit ein internationaler Konsens darüber, dass jedes OECD-Land 0,7% seines Bruttonationaleinkommens (BNE) für Leistungen der Entwicklungszusammenarbeit (EZ) aufwenden soll, gegenüber derzeit 0,3%. Bis 2010 dürften allein die EZ-Leistungen an Afrika auf 51 Mrd. US-$ steigen, gegenüber 40 Mrd. US-$ im Jahr 2006. Gleichzeitig muss aber gewährleistet werden, dass die EZ-Leistungen auch wirklich in nachhaltige Projekte fließen, was zusätzliche Schwierigkeiten bereitet.

Die Entwicklungslücke nachhaltig schließen

Den heutigen Bedürfnissen gerecht zu werden, ohne die Möglichkeit künftiger Generationen zu gefährden, ihre eigenen Bedürfnisse zu befriedigen: manchmal haben sich die Diskussionen über die nachhaltige Entwicklung stärker auf den zweiten Teil dieses Satzes konzentriert – d.h. die Auswirkungen unserer Aktionen auf die Zukunft – als auf den ersten. Dabei ist die Befriedigung der Bedürfnisse der heutigen Generation alles andere als selbstverständlich, einfach oder konfliktfrei. Wenn die nachhaltige Entwicklung dies gewährleisten soll, muss die Schließung der Entwicklungslücke – d.h. der großen Kluft, die zwischen reicheren und ärmeren Ländern beim Einkommen und beim Zugang zu Gesundheitsversorgung, sanitären Einrichtungen sowie Bildung besteht – zu ihren dringendsten Projekten zählen.

Die Herausforderungen der globalisierten Wirtschaft bewältigen, heißt, sowohl den Bedürfnissen der Menschen und Länder gerecht zu werden, die weiterhin im Abseits stehen, als auch jener, die ins Zentrum der Weltwirtschaft vordringen.

Robert Zoellick, Präsident der Weltbank, OECD/Worldbank Conference on Sustainable and Inclusive Development: Going for Growth

„Nicht leicht kommt einer empor, dessen Tüchtigkeit häusliche Not sich hemmend entgegenstellt", schrieb im ersten Jahrhundert der römische Dichter Juvenal. Die Frage nach den Ursachen der Armut, und wie sich diese reduzieren oder ganz beseitigen lässt, ist eine der grundlegenden Fragen der Menschheit, die seit langem Gegenstand zahlreicher Diskussionen ist. Wir haben alle eine gewisse Vorstellung davon, was Armut ist. Es geht dabei nicht nur um materiellen Besitz: Arme Menschen in reichen Ländern besitzen mehr als die meisten Menschen anderswo. Forschungsarbeiten zu diesem Thema haben vielmehr ergeben, dass sich Armut aus einem komplexen Zusammenspiel von materiellen, sozialen und politischen Faktoren ergibt, die die unterschiedlichen Dimensionen der Armut darstellen. Der mangelnde Zugang zu Informationen, zu politischer Teilhabe, zu Gesundheitsversorgung und Bildung bremst jene Dynamik, die eine nachhaltige Entwicklung auf Dauer möglich macht. Wer mit Krankheit, Hunger oder Gewalt konfrontiert ist, muss seine ganze Energie in den Kampf ums Überleben investieren und kann sich gar nicht den Luxus leisten, langfristige Überlegungen anzustellen. Mit der Befriedigung der Grundbedürfnisse der ärmsten Menschen der Welt würden wir bereits einen großen Beitrag zur Förderung der Entwicklung in der globalen Wirtschaft von heute leisten, doch würde dies natürlich ein gemeinsames Vorgehen auf internationaler Ebene voraussetzen.

Die frühen Verfechter der nachhaltigen Entwicklung erkannten, dass die zur Erzielung entscheidender Ergebnisse notwendigen grundlegenden Veränderungen nur im Rahmen einer internationalen Zusammenarbeit zu erreichen sind. Im Alleingang kann niemand, keine Gemeinde, keine Region und auch kein Land die Ideen und Praktiken verändern, die dem Entwicklungsprozess zu Grunde liegen. Wie sich an der immer größeren Bedeutung internationaler Übereinkommen bei gemeinsamen Anliegen der internationalen Staatengemeinschaft zeigt – in Bereichen wie Handel, multinationale Unternehmen, Armutsbekämpfung, um nur einige wenige zu nennen –, lassen sich Probleme mit globaler Dimension nur auf internationaler Ebene lösen.

Die Vereinten Nationen, die OECD und andere internationale Organisationen unternehmen starke Anstrengungen, um der nachhaltigen Entwicklung einen vorrangigen Platz einzuräumen. Andere Organisationen, darunter die Weltbank, der Internationale Währungsfonds und die Welthandelsorganisation, suchen Mittel und Wege, um das Prinzip der Nachhaltigkeit als wesentlichen Grundsatz in ihren wirtschaftlichen

Die Millenniumsentwicklungsziele

Die auf dem VN-Millenniumsgipfel offiziell aufgestellten Millenniumsentwicklungsziele enthalten 8 Entwicklungsziele, die in 18 konkrete Zielvorgaben unterteilt sind und bis zum Jahr 2015 erreicht werden sollen.

Die von 192 VN-Mitgliedsländern verabschiedeten Ziele stellen eine globale Übereinkunft zur Erreichung von Ergebnissen in den für den menschlichen Fortschritt kritischsten Bereichen dar.

1. Beseitigung der extremen Armut und des Hungers

Den Anteil der Menschen halbieren, deren Einkommen weniger als 1 Dollar pro Tag beträgt.

Den Anteil der Menschen halbieren, die an Hunger leiden.

2. Verwirklichung der allgemeinen Grundschulbildung

Sicherstellen, dass Kinder in der ganzen Welt, Jungen wie Mädchen, eine Grundschulbildung vollständig abschließen können.

3. Förderung der Gleichstellung der Geschlechter und Ermächtigung der Frauen

Das Geschlechtergefälle in der Grund- und Sekundarschulbildung beseitigen, vorzugsweise bis 2005 und auf allen Bildungsebenen bis 2015.

4. Senkung der Kindersterblichkeit

Die Sterblichkeitsrate von Kindern unter fünf Jahren um zwei Drittel senken

5. Verbesserung der Gesundheit von Müttern

Die Müttersterblichkeitsrate um drei Viertel senken.

6. Bekämpfung von HIV/AIDS, Malaria und anderen Krankheiten

Die Ausbreitung von HIV/AIDS zum Stillstand bringen und allmählich umkehren.

Die Ausbreitung von Malaria und anderen schweren Krankheiten zum Stillstand bringen und allmählich umkehren.

7. Sicherung der ökologischen Nachhaltigkeit

Die Grundsätze der nachhaltigen Entwicklung in einzelstaatliche Politiken und Programme einbauen und den Verlust von Umweltressourcen umkehren.

Den Anteil der Menschen um die Hälfte senken, die keinen nachhaltigen Zugang zu einwandfreiem Trinkwasser und grundlegenden sanitären Einrichtungen haben.

Bis 2020 eine erhebliche Verbesserung der Lebensbedingungen von mindestens 100 Millionen Slumbewohnern herbeiführen.

8. Aufbau einer weltweiten Entwicklungspartnerschaft

Ein offenes, regelgestütztes, berechenbares und nicht diskriminierendes Handels- und Finanzsystem weiterentwickeln.

Den besonderen Bedürfnissen der am wenigsten entwickelten Länder Rechnung tragen.

Den besonderen Bedürfnissen der Binnen- und kleinen Inselentwicklungsländer Rechnung tragen.

Die Schuldenprobleme der Entwicklungsländer umfassend angehen.

In Zusammenarbeit mit den Entwicklungsländern für die Schaffung menschenwürdiger und produktiver Arbeitsplätze für junge Menschen sorgen.

In Zusammenarbeit mit den Pharmaunternehmen unentbehrliche Arzneimittel zu bezahlbaren Kosten in den Entwicklungsländern verfügbar machen.

In Zusammenarbeit mit dem Privatsektor dafür sorgen, dass die Vorteile der neuen Technologien, insbesondere der Informations- und Kommunikationstechnologien, genutzt werden können.

Der MDG-Monitor verfolgt die auf dem Weg zur Verwirklichung dieser Ziele erreichten Fortschritte. Er liefert einen Überblick über die wichtigsten Zielvorgaben, die den einzelnen Zielen zugeordnet sind, Indikatoren zur Fortschrittsmessung und Beispiele für Erfolgsgeschichten.

www.mdgmonitor.org/goal1.cfm

Transaktionen zu verankern. Sie haben die Regierungen verschiedener Länder, die ein breites Spektrum unterschiedlicher Meinungen und Ansichten vertreten, an einem gemeinsamen Tisch versammelt, damit sie die zwischen ihnen bestehenden Differenzen im Einzelnen durchsprechen und im Interesse einer Verbesserung der Entwicklungspraktiken überwinden können. Gleichzeitig vereinen auch lokale und regionale Regierungen ihre Kräfte, um Erfahrungen auszutauschen und zusammenzuarbeiten, und dies häufig über große geografische Entfernungen. Alles in allem beginnen sich die Regierungen bewusst zu werden, dass zur Bewältigung von Problemen mit Querschnittscharakter ein offenerer, stärker auf Zusammenarbeit basierender Ansatz notwendig ist.

Die Idee einer Verbesserung der Lebensbedingungen der Ärmsten durch globale Aktionen wurde im Laufe des letzten Jahrhunderts konkretisiert und mündete in der Formulierung der Millenniumsentwicklungsziele (MDG), mit denen das Problem in koordinierter Weise auf internationaler Ebene angegangen werden soll. Die Millenniumsentwicklungsziele, denen die OECD-Leitsätze im Bereich der Entwicklungszusammenarbeit zu Grunde liegen, sind das Ergebnis konzertierter Bemühungen der Weltgemeinschaft um die Bewältigung der anhaltenden Probleme der Unterentwicklung.

Instrumente für ein nachhaltiges Wachstum

Mit Ausnahme einiger rasch aufstrebender Volkswirtschaften verlief das Wachstum in den Entwicklungsländern insgesamt uneinheitlich und reichte nicht aus, um die innerhalb dieser Länder und im Vergleich zu den Industrieländern bestehenden enormen Unterschiede in Bezug auf den Lebensstandard zu überwinden. Jüngsten Indikatoren zufolge verzeichnet Subsahara-Afrika erstmals Wachstumsraten, die mit denen der übrigen Welt vergleichbar sind – wenn auch gegenüber einem niedrigeren Ausgangsniveau –, doch hat sich dies in zahlreichen grundlegenden Bereichen bisher noch nicht in großen Verbesserungen niedergeschlagen. Beispielsweise stieg die Zahl der Personen mit Zugang zu sauberem Trinkwasser in Subsahara-Afrika im Zeitraum 1990-2004 jährlich um 10 Millionen. Die Bevölkerung selbst ist in diesem Zeitraum aber noch rascher gewachsen, so dass die Zahl der Personen ohne Zugang zu sauberem Trinkwasser um etwa 60 Millionen zugenommen hat.

Auch wenn der historische, wirtschaftliche, soziale und politische Kontext eines jeden Landes einzigartig ist, gelten die Grundsätze der nachhaltigen Entwicklung für alle. Das Wirtschaftswachstum ist zwar von entscheidender Bedeutung, reicht allein aber nicht aus, um für eine nachhaltige Armutsbekämpfung zu sorgen, hierzu bedarf es zusätzlich eines klaren Verständnisses der Gesamtheit der zum Wohlbefinden beitragenden – sozialen, ökologischen, institutionellen und kulturellen – Faktoren. Obgleich es zutrifft, dass das Wirtschaftswachstum im Allgemeinen mit einer Verbesserung der Lebensqualität insgesamt, einem höheren Bildungsniveau und einer höheren Lebenserwartung einhergeht, geben die entsprechenden Daten keinen Aufschluss darüber:

> wie dieses Wachstum erzielt wird;

> ob es von Dauer ist oder nicht;

> wem es zugute kommt und wer außen vor bleiben könnte.

Länder, die über Naturressourcen mit hohem Marktwert wie Diamanten, Metalle oder Öl verfügen, können ihre globale wirtschaftliche Entwicklung durch deren Verkauf an den Weltmärkten steigern. Wenn die so erwirtschafteten Einnahmen jedoch in den Händen einiger weniger konzentriert bleiben und nicht zu Gunsten der Bevölkerung eingesetzt werden, wird sich das Leben der Menschen dadurch nicht verbessern. Sind diese Ressourcen nicht erneuerbar oder werden sie schlecht verwaltet, werden die Einnahmen, die sie generieren, früher oder später keine Wachstumsquelle mehr darstellen – es sei denn, die erzielten Erträge werden erneut in andere Projekte oder Fonds investiert, die selbst nachhaltig sind. Darüber hinaus können Aktivitäten, die heute gewinnbringend sind, morgen zerstörerische Auswirkungen auf die Umwelt haben. Zusammenfassend ist festzustellen, dass das kurzfristige Wachstum u.U. keinen Einfluss auf die langfristige Stabilität hat und im Endeffekt sogar zu einer Verschlechterung des ökologischen und gesellschaftlichen Umfelds führen kann, wenn die Ressourcenbestände und das daraus gewonnene Kapital nicht *nachhaltig* verwaltet werden.

Armutsminderndes Wachstum

Die Frage lautet also, wie ein Wachstum erreicht werden kann, dass es den Armen ermöglicht, wirkliche und anhaltende Fortschritte zu erzielen. Ökonomen und Entwicklungstheoretiker haben hierfür den Begriff des *armutsmindernden Wachstums* geprägt. Im Hinblick darauf reicht es nicht aus, durchschnittliche Wachstumsraten in Höhe eines bestimmten Prozentsatzes zu erzielen. Vielmehr sollte das Wachstum speziell armen Frauen und Männern zugute kommen und ihnen ermöglichen, die Vorteile einer Expansion von Wirtschaftstätigkeit und Einkommen voll auszuschöpfen, damit sich ihre Lebensbedingungen kontinuierlich verbessern.

Mit welchen Mitteln können die Entwicklungsziele konkret erreicht werden? Wir alle kennen einige der hierfür wesentlichen Elemente wie Kapital, Gesundheit, Bildung und Technologie. Bei der Durchführung der Entwicklungszusammenarbeit und der Wachstumsförderung finden verschiedene Konzepte Anwendung. Entwicklungsexperten

Handelsbezogene Entwicklungszusammenarbeit (Aid for Trade)

Der Handel bietet echte Möglichkeiten zur Förderung des Wachstums und zur Erreichung der Entwicklungsziele. Allerdings fehlen den Entwicklungsländern häufig einige der für die Ausschöpfung dieser Vorteile unerlässlichen Elemente, wie ein verlässliches Bankensystem, funktionierende Telekommunikationssysteme oder ein gutes Verkehrsnetz (z.B. Straßen und Häfen).

Aid for Trade ist eine Form der Entwicklungszusammenarbeit, die speziell auf die Unterstützung der Länder bei der Beseitigung dieser Schranken und Nutzung der Handelsvorteile ausgerichtet ist.

Sie bietet Unterstützung in folgenden Bereichen:

- Aushandlung von Handelsabkommen
- Kapazitätsaufbau (Schaffung der für eine erfolgreiche Durchführung von Maßnahmen und Projekten notwendigen Voraussetzungen)
- Marketing
- Erfüllung internationaler Qualitätsstandards

Die Welthandelsorganisation (WTO) und die OECD arbeiten bei der Beurteilung der Wirksamkeit der handelsbezogenen EZ-Maßnahmen im Hinblick auf die Förderung der internationalen Entwicklung zusammen.

---

unterscheiden drei große Pfeiler: Leistungen der öffentlichen Entwicklungszusammenarbeit (ODA), ausländische Direktinvestitionen (ADI) sowie Handelsbeziehungen. Obwohl es sich bei diesen Elementen laut Definition um unterschiedliche Kategorien handelt, besteht in der Praxis zwischen ihnen ein enger Zusammenhang. Beispielsweise können ODA-Mittel in Maßnahmen investiert werden, mit denen ausländische Direktinvestitionen mobilisiert oder Handelsbeziehungen entwickelt werden sollen, wie im Fall der handelsbezogenen Entwicklungszusammenarbeit (*Aid for Trade*).

Seit kurzem spielen auch neue Formen der Entwicklungszusammenarbeit für die Erreichung der Entwicklungsziele eine wichtige Rolle. Große private Stiftungen, wie die Bill & Melinda Gates-Stiftung, sowie öffentlich-private Partnerschaften wie der Globale Fonds zur Bekämpfung von AIDS, Tuberkulose und Malaria und die Globale Allianz für Impfstoffe und Immunisierung (GAVI-Allianz) haben die Konzipierung und Umsetzung von Programmen der Entwicklungszusammenarbeit maßgeblich beeinflusst, obgleich sie prozentual betrachtet nur für einen verhältnismäßig geringen Anteil der Finanzierung aufkommen.

Die Geberländer und die Entwicklungsstellen sind sich der Bedeutung von Nachhaltigkeitsfragen zweifellos stärker bewusst geworden und setzen sich für die Integration von Umwelterwägungen in die Armutsbekämpfungsstrategien der Empfängerländer ein. Das Umweltprogramm der Vereinten Nationen (UNEP) und das Entwicklungsprogramm der Vereinten Nationen (UNDP) führen im Rahmen der Initiative „Armut und Umwelt" die Aufsicht über zahlreiche in diese Richtung gehende Aktivitäten. Und der OECD-Entwicklungsausschuss

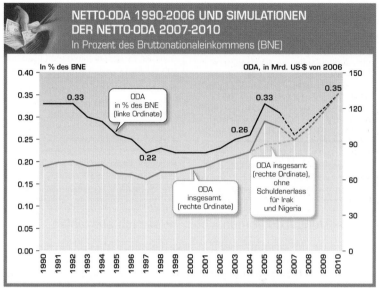

NETTO-ODA 1990-2006 UND SIMULATIONEN DER NETTO-ODA 2007-2010

In Prozent des Bruttonationaleinkommens (BNE)

Quelle: Entwicklungszusammenarbeit, Bericht 2007.

StatLink ▦▦: http://dx.doi.org/10.1787/478357762308

DAC verfolgt diese Projekte seinerseits in Einklang mit der Erklärung von Paris über die Wirksamkeit der Entwicklungszusammenarbeit. Ziel ist es sicherzustellen, dass Umweltanliegen in die Entwicklungsstrategien einbezogen werden, selbst wenn dabei bisher nur uneinheitliche Fortschritte erzielt wurden.

Die Strategischen Umweltprüfungen (SUP) sind ein weiteres Beispiel für die Anstrengungen, die auf internationaler Ebene unternommen werden, um die Einbeziehung von Umwelterwägungen in die Entwicklungsinitiativen zu gewährleisten. Obwohl Umweltverträglichkeitsprüfungen (UVP) schon lange von den Geberländern gefordert wurden, stehen sie auf Projektprüflisten häufig an letzter Stelle, was dazu führt, dass es zu Interessenkonflikten kommt und Chancen verpasst werden. Seit 2001 haben Geber- und Empfängerländer aber Gesetze verabschiedet, die bei Entwicklungsprogrammen, die voraussichtlich erhebliche Umweltauswirkungen hervorrufen, die Durchführung strategischer Umweltprüfungen (SUP) vorschreiben. Dank dieser Verpflichtung werden Umwelterwägungen bereits in der Phase der Konzipierung in nationale oder regionale Armutsbekämpfungsstrategien integriert. Der Weg bis zur systematischen Durchführung von Nachhaltigkeitsprüfungen für alle drei Säulen der Entwicklung und zur Überführung der Armutsbekämpfungsstrategien in „Strategien für eine nachhaltige Entwicklung" ist indessen noch weit.

Für eine umweltfreundlichere Forstpolitik in Ghana

Problematik

In einer Untersuchung der Armutsbekämpfungsstrategie Ghanas wurden potenzielle Konflikte zwischen der Forstpolitik (die auf eine Erweiterung der Ressourcenbasis der Holzindustrie abzielt) und dem Schutz der Ökosysteme längs der Flussufer identifiziert. Ghanas Forstpolitik wurde daraufhin geändert. In weniger als sechs Monaten hatte die Regierung Baumschulen zum Anbau von Bambus und Rattan eingerichtet, um die Industrie mit Rohstoffen zu versorgen und auf diesem Weg dazu beizutragen, die Flussufer vor der unkontrollierten Aberntung von Wildbambus und Rattan zu schützen.

Hauptvorteile

* Geringere Belastung für Primärwälder und labile Flussökosysteme
* Schaffung neuer Holzressourcen
* Beschäftigungsförderung

Quelle: IWF (2006), „Ghana: Poverty Reduction Strategy Paper Annual Progress Report", *IMF Country Report*, No. 06/226, IWF, Washington D.C.

Entwicklungszusammenarbeit muss sich auszahlen

Es muss sichergestellt werden, dass die Entwicklungsziele der Geber- und der Empfängerländer aufeinander abgestimmt sind und sich gegenseitig verstärken. Im März 2005 kamen Vertreter von Nichtregierungsorganisationen und über 100 Geber- und Empfängerländern zusammen, um eine internationale Vereinbarung in diesem Sinne zu unterzeichnen: Die Erklärung von Paris über die Wirksamkeit der Entwicklungszusammenarbeit.

„Wir ... bekunden ... unsere Entschlossenheit, weitreichende, durch Monitoring überprüfbare Maßnahmen zu ergreifen, um unsere Modalitäten der EZ-Abwicklung und -Verwaltung zu reformieren ... Wir sind uns darüber im Klaren ... dass für die Erreichung dieser Ziele einerseits eine volumenmäßige Erhöhung der ODA-Leistungen und anderer Entwicklungsressourcen erforderlich ist, andererseits aber auch die Wirksamkeit dieser Leistungen signifikant gesteigert werden muss, um die Anstrengungen der Partnerländer zur Stärkung der Staats- und Verwaltungsführung und zur Verbesserung der Entwicklungsergebnisse zu unterstützen".

Erklärung von Paris über die Wirksamkeit der Entwicklungszusammenarbeit

Die Koordinierung der Bemühungen der verschiedenen Geber- und Empfängerländer stellt an sich bereits eine Herausforderung dar. Werden zusätzlich noch all die anderen am Entwicklungsprozess beteiligten Akteure einbezogen, wie Nichtregierungsorganisationen, Medien oder Finanzinstitute, wird bald klar, warum die Zufuhr von Kapital allein einfach nicht ausreicht. Die Vorgehensweisen der Geber müssen koordiniert und kohärent sein – mit anderen Worten, es bedarf einer „Harmonisierung" –, und ihre Anstrengungen sollten sich an den Bedürfnissen orientieren, die in den nationalen Strategien der Empfängerländer zum Ausdruck kommen.

Die Geber, Empfänger und an der Projektumsetzung beteiligten Experten sind sich darüber im Klaren, dass die Entwicklungszusammenarbeit ohne bessere Koordinierung, lokales Engagement und Transparenz ihr Ziel zu verfehlen droht. Die Erklärung von Paris über die Wirksamkeit der Entwicklungszusammenarbeit von 2005, die von Regierungen der Geber- und Empfängerländer sowie multilateralen EZ-Organisationen unterzeichnet wurde, spiegelt dieses Engagement für einen kohärenteren und realistischeren Ansatz zur Verwirklichung der Entwicklungsziele wider.

Sich der Notwendigkeit einer besseren und zielgerichteteren Koordinierung der Entwicklungszusammenarbeit bewusst zu werden und sie zu formulieren, ist ein wichtiger, aber nur erster Schritt. Zur Schließung der Entwicklungslücke ist es zudem notwendig, nachhaltige und gesunde Gesellschaftsstrukturen aufzubauen, d.h. all jene Schranken zu beseitigen, die dem Fortschritt im Weg stehen, und für Themen wie Menschenrechte, Geschlechtergleichstellung, Frieden und Sicherheit einzutreten. Auch wenn die Beobachtung dieser komplexeren und schwerer greifbaren Elemente keine einfache Aufgabe ist, bezieht die OECD die Forderung nach einer stärkeren Politikkohärenz in die von ihr durchgeführten Prüfungen der Entwicklungszusammenarbeit ihrer Mitgliedsländer, die sogenannten *Peer Reviews* ein.

Zukunftsgerichtet handeln

Trotz des beachtlichen Volumens der Entwicklungszusammenarbeit, der Investitionen und des durch den Handel bedingten Wachstums bleibt die Entwicklungslücke bestehen. Ein Grund hierfür ist mangelnde Koordination. Manchmal geraten Politikziele miteinander in Konflikt, wenn beispielsweise Geberländer Mittel zur Verbesserung der Gesundheitssysteme zur Verfügung stellen und gleichzeitig versuchen, Ärzte und Pflegepersonal aus Entwicklungsländern anzuwerben.

Vor diesem Hintergrund haben die Länder damit begonnen, ihre z.B. in den Bereichen Entwicklungszusammenarbeit, Handel oder Investitionen ergriffenen Maßnahmen besser zu koordinieren, um langfristige Entwicklungsergebnisse zu erzielen. Sie setzen sich damit für die Förderung der „Politikkohärenz im Dienst der Entwicklung" ein, wie es im Fachjargon heißt. Dies setzt konkret voraus, dass die wirtschaftlichen Ziele der Geberländer kohärent sind und sich nicht gegenseitig untergraben. Beispielsweise dürfen Beihilfen für nationale Landwirte oder Fischer nicht die Vorteile der Öffnung der Weltmärkte zunichte machen und dürfen Exportkredite oder Investitionsanreize nicht mit den Zielen von Entwicklungsmaßnahmen kollidieren, die ihrerseits nicht mit der Bildung von Human- und Sachkapital in Konflikt geraten dürfen usw.

> Die Bereitstellung von EZ-Leistungen zur Verbesserung der Chancen eines Landes zur Teilnahme am Agrarhandel bei gleichzeitiger Aufrechterhaltung von Handelsschranken oder Maßnahmen, die Waren aus Entwicklungsländern den Marktzugang versperren, macht die Entwicklungszusammenarbeit ineffizient und behindert das Wachstum.
>
> *Agriculture: Improving Policy Coherence for Development* (OECD Policy Brief)

Ein viel zitierter Spruch lautet: „Gib einem Mann einen Fisch und Du ernährst ihn für einen Tag. Lehre ihn das Fischen, und Du ernährst ihn für sein ganzes Leben". Aber stimmt das überhaupt? Was passiert, wenn es zu Überfischung kommt? Oder wenn mit effizienteren Fanggeräten ausgestattete Fischerboote aus anderen Regionen die gesamten Fischbestände plündern? Oder wenn Pestizide in den Laichgrund gespült werden und die Fische so verjagt werden? Jemandem das Fischen beizubringen, beinhaltet sehr viel mehr, als ihm zu zeigen, wie man das Netz auswirft. Wir müssen uns der entscheidenden Bedeutung der Beziehungen der Dinge untereinander bewusst sein. Und deshalb ist es sinnvoll, die Nachhaltigkeitsgrundsätze in allen Phasen des Entwicklungsprozesses anzuwenden. Schließlich ist es nicht das Ziel, dass die Entwicklungsländer die Industriestaaten in Bezug auf deren Fehlentwicklungen „einholen", sondern vielmehr, dass Industriestaaten und Entwicklungsländer zusammenarbeiten, um auf allen Ebenen für ein nachhaltiges Wachstum zu sorgen. Wenn wir sowohl die reicheren als auch die ärmeren Länder auf einen Pfad dauerhafter Entwicklung bringen wollen, müssen wir alle beginnen, uns nachhaltig zu verhalten.

Weitere Informationen

OECD

Im Internet

Allgemeine einführende Informationen über die Arbeit der OECD im Bereich nachhaltige Entwicklung und der Entwicklung im Allgemeinen finden sich unter: *www.oecd.org/sustainabledevelopment* und *www.oecd.org/development.*

Veröffentlichungen

Trading Up: Economic Perspectives on Development Issues in the Multilateral Trading System (2006):
Die Handelsliberalisierung ist insbesondere in Bezug auf die Entwicklungsländer ein vieldiskutiertes Thema. In dieser Publikation werden Handel und Entwicklung von einer ökonomischen Perspektive aus betrachtet, um diese emotional belasteten Themen mit Hilfe von empirischen Konzepten und objektiven Analysen zu untersuchen.

Applying Strategic Environmental Assessment (2006):
Strategische Umweltprüfungen (SUP) sind ein Instrument zur Integration der Grundsätze der nachhaltigen Entwicklung in Länderprogramme und -maßnahmen. In diesem Band werden auf der Basis jüngster Erfahrungen die wichtigsten Anwendungsschritte erklärt. Für die praktische Durchführung von SUP in der Entwicklungszusammenarbeit werden zwölf Punkte identifiziert, mit einer Prüfliste und Fallstudien zu jedem Punkt. Die Evaluierung von SUP-Prozessen und der Kapazitätsaufbau in diesem Bereich sind ebenfalls Gegenstand der Untersuchungen.

Trade that Benefits the Environment and Development: Opening Markets for Environmental Goods and Services (2005):
Diese Sammlung an Untersuchungen ist ein praktisches Instrument, das Verhandlungsführern dabei hilft, mit den zahlreichen komplexen Themen zurechtzukommen, die in internationalen Diskussionen über die Liberalisierung des Handels mit Umweltprodukten und -dienstleistungen behandelt werden.

Sonstige Dokumente

Toward Sustainable Agriculture (2008):
Dieser OECD-Beitrag zur VN-Kommission für nachhaltige Entwicklung setzt sich für die Förderung der Politikkohärenz in Bezug auf Reformen der Agrarbeihilfen und soziale Fragen (z.B. Ernährungssicherheit) ein. *www.oecd.org.sustainabledevelopment*

Agriculture: Improving Policy Coherence for Development, OECD Policy Brief (2008):
Dieser Policy Brief hebt die Bedeutung der Landwirtschaft für die Entwicklung hervor und beleuchtet die Frage, wie die OECD ihr multidisziplinäres Politikwissen und ihre direkten Kontakte in den nationalen Ministerien und Behörden einsetzen kann, um den Regierungen im Agrarbereich bei der Förderung der Politikkohärenz im Dienst der Entwicklung zu helfen. *www.oecd.org/ publications/policybriefs*

Aid for Trade at a Glance (2007):
Dieser gemeinsame Bericht von OECD und WTO zeichnet erstmals ein komplettes Bild der handelsbezogenen Entwicklungszusammenarbeit weltweit und wird es der internationalen Staatengemeinschaft ermöglichen zu beurteilen, was bislang erreicht wurde, was nicht und wo noch Verbesserungsbedarf besteht.

Erklärung von Paris über die Wirksamkeit der Entwicklungszusammenarbeit (2005):
Die Paris-Erklärung ist eine internationale Vereinbarung, in der sich über 100 Ministerien, Leiter von EZ-Stellen und andere hochrangige Beamte im Namen ihrer Länder verpflichtet haben, die Bemühungen in den Bereichen Harmonisierung, Partnerausrichtung und ergebnisorientiertes Management weiter zu verstärken. Die Fortschritte werden anhand eines Katalogs messbarer Aktionen und Indikatoren evaluiert. *www.oecd/org/dac/effectiveness/ parisdeclaration*

Im April 2006 trafen die Ministerinnen und Minister für Umwelt und für Entwicklung der OECD-Länder zusammen, um darüber zu diskutieren, wie den Entwicklungsländern bei der Stärkung ihrer Wirtschaft geholfen werden kann, ohne der Umwelt zu schaden. Die Ergebnisse des Treffens wurden in einem **Rahmen für Gemeinsame Aktionen auf der Grundlage gemeinsamer Ziele** und einer **Erklärung über die Einbeziehung der Anpassung an die Klimaänderung in die Entwicklungszusammenarbeit** festgehalten. *www.oecd.org/epocdacmin2006*

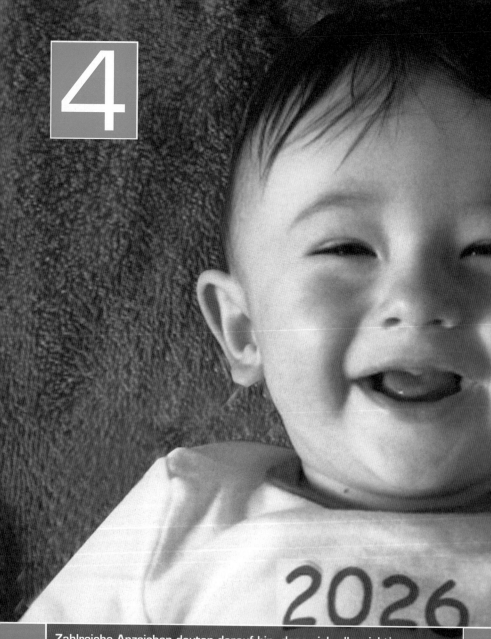

4

Zahlreiche Anzeichen deuten darauf hin, dass sich alle wichtigen Systeme der Erde kritischen Grenzwerten nähern. Harte Entscheidungen sind nötig, um die Bedürfnisse und Ressourcen der Gegenwart und der Zukunft ins Gleichgewicht zu bringen. Welche Instrumente können uns dabei helfen zu bestimmen, wie wir die Systeme der Erde auf lange Sicht optimal bewirtschaften können?

Die Zukunft beginnt heute

Zur Einleitung ...

Beiderseits der Grenze zwischen Polen und Weißrussland liegt ein geradezu magischer Ort, der Jahrtausende lang unberührt geblieben zu sein scheint. In diesem letzten verbliebenen Stück des Urwalds, der einst fast ganz Europa bedeckte, blühen im Frühling Wildblumen unter majestätischen Eichen und bringen freilebende Tiere ihre Jungen zur Welt. Die Erhaltung dieser besonderen Region begann vor mehreren hundert Jahren, als das Land zum privaten Jagdgrund erklärt wurde, wo Zaren und Fürsten dem schwer zu fassenden und zunehmend seltenen Wisent, dem europäischen Bison, auflauerten. Während des Ersten Weltkriegs gerieten der Wald und seine Bewohner erneut in große Gefahr: Sägewerke wurden gebaut, und der letzte wildlebende Wisent wurde 1919 von einem Wilderer erlegt. Es schien, als würde diesen letzten Flecken urwüchsiger Natur dasselbe Schicksal ereilen wie die anderen Wildgebiete des europäischen Kontinents, womit der Urwald und die dort lebenden Großsäugetiere für immer verschwunden wären.

Kaum war der Frieden wiederhergestellt, machten sich entschlossene Naturschützer jedoch an die Arbeit, und 1932 wurde der Nationalpark Bialowieza eingerichtet. In den folgenden Jahrzehnten wurde dieses einzigartige Ökosystem als Welterbestätte und Biosphärenreservat der UNESCO anerkannt. Der Wisent wurde 1952 aus der geringen Population wiedereingeführt, die in Zoos überlebt hatte. Heute ist die Wisentpopulation gesund und zählt etwa 250 Tiere. Darüber hinaus beherbergt der Nationalpark zahlreiche andere große Säugetiere wie Elche, Hirsche, Wölfe und Wildpferde sowie über 100 Vogelarten. Jahr für Jahr besuchen 100 000 Touristen den kleinen Teil des Waldes, der öffentlich zugänglich ist, um einen Blick auf dieses seltene und wunderbare Ökosystem zu erhaschen.

Ende des 19. Jahrhunderts waren die Urwälder Westeuropas bereits seit Generationen verschwunden, und in den Vereinigten Staaten wurden die letzten Urwälder gerodet. Arten wie der amerikanische Bison waren infolge intensiver Jagd bis auf ein paar Hundert Exemplare ausgerottet worden; andere wie der Auerochse und der Riesenalk waren für immer verschwunden. In Europa ebenso wie in Amerika kam jedoch eine Bewegung zum Schutz der letzten naturbelassenen Gebiete auf, und im Laufe des 20. Jahrhunderts wurden Tausende von Quadratkilometern unter Naturschutz gestellt und so für die Nachwelt bewahrt.

Durch die Einrichtung von Nationalparks konnte der dauerhafte Verlust vieler Arten und Ökosysteme knapp verhindert werden. Nun blicken wir in die Zukunft und fragen uns: Was genau müssen wir schützen, um es nicht für immer zu verlieren? Wie können wir angesichts der starken Dynamik der wirtschaftlichen Entwicklung und der Verstädterung sicherstellen, dass die künftigen Generationen eine faire Chance haben, einen ähnlichen Lebensstil wie wir zu genießen? In Anbetracht der raschen Zunahme der menschlichen Aktivitäten und der damit einhergehenden Verstärkung ihrer Auswirkungen müssen wir uns heute u.u. sogar schon um unsere eigene Zukunft Sorgen machen.

Vor hundert Jahren erschien es ausreichend, besondere natürliche Lebensräume als Schutzgebiete auszuweisen. Heute wissen wir, dass wir nicht nur bestimmte Ressourcen erschöpft, Staatsschulden akkumuliert und langfristige Umweltverschmutzung in Wasser, Luft und Boden verursacht haben, sondern dass wir sogar das Klima verändern, von dem unser aller Leben abhängt. Es ist eindeutig Zeit für eine andere Form von Umweltschutzbewegung: eine, die uns dabei hilft, das, was für unser Wohlergehen und das künftiger Generationen wichtig ist, verantwortlich und nachhaltig zu verwalten.

▶ Dieses Kapitel befasst sich mit der Notwendigkeit vorausschauender Denkansätze für eine nachhaltige Entwicklung sowie den verfügbaren Instrumenten zur Unterstützung derartiger Ansätze. Besonders betont wird aber auch die Notwendigkeit, jetzt zu handeln, da viele der Probleme, für die die künftigen Generationen Lösungen finden müssen, bereits heute bestehen. Je länger wir warten, desto schwieriger wird es sein, diese Probleme zu bewältigen.

Eine faire Aufteilung zwischen den Generationen

Zusätzlich zum Erfordernis einer ausgewogenen Berücksichtigung wirtschaftlicher, ökologischer und sozialer Ziele ist es einer der Grundätze nachhaltiger Entwicklung, dass die Bedürfnisse der gegenwärtigen und künftigen Generationen ins Gleichgewicht gebracht werden müssen.

Good Practices in the National Sustainable Development Strategies of OECD Countries

Als das Konzept der nachhaltigen Entwicklung im Brundtland-Bericht erstmals formuliert wurde, ging es insbesondere um die Frage der Gerechtigkeit gegenüber künftigen Generationen, auch *Generationengerechtigkeit* genannt. Während die Beziehungen zwischen den Staaten durch Gesetze und Übereinkommen geregelt sind, können künftige Generationen ihre Rechte nicht verteidigen, obgleich ihr Wohlergehen durch unsere Handlungen beeinflusst wird. Wir haben daher die Pflicht, ihre Interessen zu wahren, selbst wenn dies auf Kosten potenzieller kurzfristiger Gewinne für uns selbst geht.

Dabei geht es nicht nur um Generationen, die in einer fernen Zukunft leben werden, ohne Bezug zur Gegenwart: In Wahrheit beginnt die Zukunft mit jedem neuen Kind, das geboren wird. Die langfristige Ausrichtung der Systeme unserer Erde ist keineswegs ein altruistisches Anliegen. Die Zukunft geht uns alle an, da wir – um es mit den Worten des amerikanischen Erfinders Charles Kettering auszudrücken – den Rest unseres Lebens dort verbringen werden.

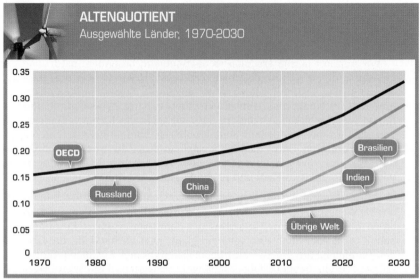

ALTENQUOTIENT
Ausgewählte Länder, 1970-2030

Quelle: OECD-Umweltausblick bis 2030. **StatLink** ᵃ▒ᵗ⁵ᵐ : *http://dx.doi.org/10.1787/478400675716*

Dies stellt ganz klar eine große Herausforderung dar, die Entscheidungen beinhaltet, über deren Konsequenzen wir uns als Bürgerinnen und Bürger informieren müssen. Nehmen wir z.B. einige der derzeit am heißesten diskutierten Themen wie Gesundheit, Renten oder öffentliche Verschuldung. Oft hört man, dass die Ausgaben im Gesundheitswesen auf Grund der Bevölkerungsalterung – dem in der Abbildung dargestellten „Altenquotienten" – steigen werden. Die von der OECD durchgeführten Analysen ergeben jedoch ein komplexeres Bild. Obgleich die Ausgaben im Gesundheitswesen mit zunehmendem Alter steigen, dürften die durchschnittlichen Ausgaben pro Person in den älteren Bevölkerungsgruppen im Zeitverlauf sinken, u.a. weil die Menschen nicht nur länger leben, sondern auch länger gesund bleiben. Und so werden sie auch länger Renten beziehen. Sollte es dem Einzelnen überlassen bleiben, sicherzustellen, dass er im Rentenalter über genügend Mittel verfügt, um seinen Lebensbedarf zu decken, oder sollten wir dies als Gemeinschaftsaufgabe betrachten? Und wie steht es mit der öffentlichen Verschuldung? Handelt es sich hierbei ausschließlich um eine Last, die wir an unsere Kinder weitergeben, oder stellen die Infrastrukturen, Bildungsleistungen und sonstigen Dienste, die damit bezahlt werden, eine Investition in ihre Zukunft dar?

Und wie verhält es sich mit unserer Verantwortung für die Erde und die natürlichen Ressourcen? Außerhalb der Naturschutzgebiete haben wir die natürlichen Ressourcen bislang durch intensive Nutzung ausgebeutet. Können wir den Großteil oder die Gesamtheit unserer Wälder, Feuchtgebiete und Ozeane so bewirtschaften, dass sie weiterhin die Reichtümer hervorbringen, die unsere Lebensgrundlagen bilden? Werden durch die Veränderungen des Lebensraums, die wir mit unserer Entwicklung verursachen, Arten gefährdet, auf die unsere Nachfahren aus ästhetischen und philosophischen Gründen oder gar auf Grund von praktischem Nutzen, etwa in den Bereichen Medizin und Landwirtschaft, großen Wert legen könnten?

Es ist, als ob wir plötzlich, nach Zehntausenden von Jahren des menschlichen Fortschritts und all den Aktivitäten, die damit verbunden waren, endlich in unseren Planeten „hineingewachsen" wären: Wir können seine entferntesten Winkel erreichen, ihn an einem Tag umrunden, seine Flüsse umleiten und seine höchsten Gipfel erklimmen. Es scheint allerdings auch so, als könnten wir bald wieder aus ihm „herauswachsen", wenn wir nicht vorsichtiger mit ihm umgehen.

In der Tat häufen sich die Anzeichen dafür, dass sich alle wichtigen Systeme der Erde kritischen Grenzwerten nähern. Klimawandel, Artenschwund und Umweltverschmutzung sind Beweise dafür, dass die Fähigkeit der Welt, die Ergebnisse menschlichen Handelns zu verarbeiten, bald erschöpft ist. Dies könnte wie ein reines „Umweltproblem" klingen, ist es aber nicht: Die Veränderungen, zu denen es auf Grund höherer Temperaturen, Umweltkatastrophen oder gar des Aussterbens eines für die Nahrungskette wichtigen Insekts kommt, haben allesamt tiefgreifende Auswirkungen auf den einzelnen Menschen wie auch auf die Gesellschaft insgesamt. Wenn es eine Erkenntnis gibt, die sich seit dem Aufkommen des Konzepts der nachhaltigen Entwicklung durchgesetzt zu haben scheint, dann die, dass die Umwelt, die in ihr lebenden Menschen sowie die auf ihr aufbauenden Volkswirtschaften und Kulturen voneinander abhängig sind.

Die noch zu lösenden ökologischen Herausforderungen werden immer komplexer oder sind zunehmend globaler Art, und ihre Auswirkungen kommen u.U. erst nach langer Zeit zum Tragen. Zu den dringendsten dieser Herausforderungen, sowohl für die OECD- als auch für die Nicht-OECD-Länder, gehören der Klimawandel, der Verlust biologischer Vielfalt, eine nicht nachhaltige Bewirtschaftung von Wasserressourcen sowie die Gesundheitsfolgen von Luftverschmutzung und chemischen Gefahrstoffen. Wir gehen nicht nachhaltig mit unserer Umwelt um.

OECD-Umweltausblick bis 2030

Nachhaltiges Handeln lernen: Welche Instrumente stehen uns zur Verfügung?

Seit mehr als hundert Jahren wird an Forstschulen gelehrt, wie Wälder zu bewirtschaften sind. Weiß man, wie schnell eine bestimmte Baumart in einem gegebenen Klima wächst, lässt sich die nachhaltige Erntemenge errechnen. In Holzplantagen können Bäume über Zyklen von 80 Jahren sogar wie Agrarkulturen angebaut werden – wobei ein und dieselbe Baumart Tausende von Hektar bedeckt – und unbegrenzt geerntet werden, sofern der Boden gedüngt wird und die Klimabedingungen sich nicht ändern.

Auch wenn dieser Waldtyp mit Bäumen desselben Alters und derselben Baumart für sehr viele andere Arten keinen nutzbaren Lebensraum darstellt, können selbst Holzplantagen so bewirtschaftet werden, dass sie einem Maximum an biologischer Vielfalt Raum bieten.

Die Bewirtschaftung der Fischereiressourcen stellt heute eine größere Herausforderung dar: Die wichtigste Methode zur Verfolgung der Entwicklung der Fischbestände beruht auf der Beobachtung der Fangmengen. Wie können wir wissen, ob die Bestände überfischt werden? Die in den vergangenen fünfzig Jahren entwickelten Verbesserungen der Ausrüstung und Methoden haben größere Fangmengen ermöglicht. Zu einem bestimmten Zeitpunkt kann so der Eindruck entstehen, die Fischbestände seien gesünder denn je – bis sie dann plötzlich einbrechen. Genau dies ist in einigen der besten Fischgründe der Welt geschehen, etwa der Neufundlandbank (*Grand Banks*) vor der Küste Neufundlands in Kanada.

Mindestens ein Viertel der Meeresfischbestände wird überfischt. Die Fischfangmengen nahmen bis in die 1980er Jahre zu, sind heute auf Grund der schwindenden Bestände jedoch rückläufig. In vielen Meeresgebieten belaufen sich die fangbaren Fischmengen, in Gewicht ausgedrückt, auf weniger als ein Zehntel dessen, was vor dem Beginn der industriellen Fischerei zur Verfügung stand. Die Binnenfischerei, die besonders wichtig für die Bereitstellung qualitativ hochwertiger Nahrungsmittel für arme Bevölkerungsgruppen ist, hat infolge von Überfischung, Veränderungen der Lebensräume und Entnahme von Frischwasser ebenfalls abgenommen.

Was kann getan werden, um diese wertvollen aquatischen Ressourcen für die künftigen Generationen zu bewahren? Meeresbiologen, Fischer und Politikexperten haben verschiedene mögliche Lösungen vorgeschlagen, um sicherzustellen, dass die Fischbestände bis weit in die Zukunft hinein verfügbar sein werden. So werden für jede Fischart Fangquoten vorgegeben, in der Hoffnung, dass so genügend Fische übrig bleiben, um sich fortpflanzen zu können; darüber hinaus werden Meeresschutzgebiete mit absolutem Fischereiverbot ausgewiesen, von denen aus sich die Fischbestände wieder vergrößern können. Natürlich sind diese Politikmaßnahmen nur dann wirksam, wenn sie vollständig umgesetzt werden. Was die Fischer selbst anbelangt, werden im Rahmen staatlicher Programme Boote zurückgekauft, Umschulungsmaßnahmen angeboten und allgemein Versuche zur Unterstützung von Gemeinden unternommen, in denen die Zahl der Fischer im Verhältnis zu den vorhandenen Fischbeständen schlichtweg zu hoch ist.

Der Zusammenbruch des Kabeljaufangs auf der Neufundlandbank

Die reichen Fischgründe vor der Südostküste Kanadas wurden über Hunderte von Jahren von der Fischerei genutzt, vom 17. Jahrhundert, als sich baskische Fischer erstmals in den hohen Norden vorwagten, bis ins späte 20. Jahrhundert, als schätzungsweise 40 000 Menschen in der Fischereiwirtschaft Neufundlands, im Kabeljaufang und in der Kabeljauverarbeitung, tätig waren. In den 1980er Jahren erreichten die Erträge einen Höchstwert, bis die Fangmengen 1992 aus nach wie vor nicht vollständig geklärten Gründen einbrachen. Der Zusammenbruch der Fischbestände verursacht pro Jahr immer noch Kosten in Form von entgangenen Einkünften in Höhe von mehr als 250 Mio. kan$. Für die Menschen in Neufundland in Orten wie Bonavista (4 000 Einwohner) müssen dringend neue Einkommensquellen gefunden werden: Die Kabeljaupopulation zeigt trotz des 1994 verhängten Kabeljaufangmoratoriums immer noch keine Anzeichen für eine Erholung.

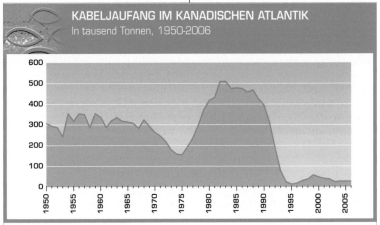

KABELJAUFANG IM KANADISCHEN ATLANTIK
In tausend Tonnen, 1950-2006

Quelle: UN FAO Fishstat Database.

Nach dem Ende des Kabeljaufangs begannen die Menschen, Rochen zu fischen, die zuvor als „Beifang" galten. Nun zeigen die Befunde, dass auch die Rochen überfischt sind. Der Rochenfang ist eindeutig keine nachhaltige Lösung, und die Bevölkerung vor Ort zahlt dafür den Preis in Form von entgangenen Einkünften und verlorener Tradition: Bonavista hat in den vergangenen zehn Jahren ein Zehntel seiner Einwohner verloren und sich dem Tourismus zugewandt, während seine Fischer auf ein Wunder warten.

Bis das geschieht, hoffen sie, dass andere Fischereiwirtschaften, wo die Fangmengen derzeit noch hoch sind, ihre Warnung hören: „Für sie wäre es besser, jetzt drastische Maßnahmen zu ergreifen und die bittere Pille zu schlucken, nach einer Weile werden sich ihre Bestände hoffentlich wieder erholen", sagt Larry Tremblett, ein Fischer aus Bonavista. „Nicht so wie bei uns, wo wir immer weiter gemacht haben, bis nichts mehr übrig war. Was Neufundland betrifft, unsere Fischereiwirtschaft ist am Ende – ausgelöscht, und zwar aus bloßer Gier und Dummheit."

Schließlich ist es noch möglich, wild lebende Fische durch eine leichter zu bewirtschaftende Ressource zu ersetzen: Fisch aus Aquakultur. Derzeit stammen nahezu 40% der Fische und Schalentiere, die wir verzehren, aus Aquakultur, doch auch diese Art der Bewirtschaftung hat ihre Grenzen. Die Aufzucht sehr großer Mengen an Fisch auf sehr geringem Raum ist mit einem derart hohen Infektionsrisiko verbunden, dass Antibiotika eingesetzt werden müssen. Entweichen Fische aus Fischfarmen, kann es zur Kreuzung mit den wild lebenden Populationen kommen, was deren genetische Vielfalt gefährdet, und zudem kann Verschmutzung durch Fischnahrung und -abfälle leicht in die umliegenden Gewässer gelangen. All diese Probleme erfordern nicht nur unsere kontinuierliche Aufmerksamkeit, sondern auch Investitionen, um die Aquakultur zu einer wirklich nachhaltigen Lösung zu machen.

Im Nachhinein scheint die Tragödie der Neufundlandbank vermeidbar gewesen zu sein. Dennoch ist die Situation anderer Fischgründe heute wahrscheinlich ähnlich wie die der Neufundlandbank 1991, d.h. die Fangmengen erscheinen stabil oder lediglich leicht rückläufig, nähern sich in Wirklichkeit jedoch ihrer kritischen Grenze oder haben diese bereits überschritten. Insgesamt bereitet es uns nach wie vor große Schwierigkeiten, Larry Trembletts Rat zu befolgen. Selbst wenn wir wissen, dass die nächste Krise u.U. schon morgen droht, fällt es uns allen schwer, fehlgeleitete Entwicklungen rückgängig zu machen und große Veränderungen vorzunehmen.

Die Zeit zum Handeln ist gekommen

Eines der Haupthindernisse für die Durchführung von Veränderungen ist der Grad an Ungewissheit, der mit der Zukunftsplanung verbunden ist: Es lässt sich nicht anhand von Experimenten „beweisen", welche Folgen nicht zukunftsfähige Entscheidungen genau haben werden. Im Falle des Klimawandels wissen wir nicht sicher, welcher CO_2-Gehalt in der Atmosphäre gravierende und möglicherweise irreversible Schäden verursachen wird – unser Planet ist in dieser Hinsicht das einzige Versuchslabor, über das wir verfügen. Dasselbe gilt für den Verlust an biologischer Vielfalt und all die anderen Probleme im Bereich des Ressourcenmanagements, mit denen wir konfrontiert sind. Diese Ungewissheit dient manchmal als Ausrede, um keine Investitionen in bessere, sauberere und nachhaltigere Praktiken zu tätigen: Warum sollten wir so viel Geld bezahlen, wenn wir nicht *sicher* sind, dass dies nötig ist?

Wenn wir so argumentieren, drohen wir allerdings eine böse Überraschung zu erleben: Sind erst einmal unumstößliche Beweise dafür vorhanden, dass ein bestimmtes Systemversagen verheerende Folgen haben wird, ist es wahrscheinlich zu spät, um die erforderlichen Mittel für deren Abwendung aufzubringen. Natürlich könnte ein Wunder geschehen, das uns rettet – aber wollen wir uns wirklich darauf verlassen? Nach den Grundsätzen der nachhaltigen Entwicklung müssen diese Risiken heute verringert werden, und zwar in einer Art und Weise, bei der sich unsere gegenwärtigen Lebensbedingungen verbessern und zugleich unsere Zukunft gesichert wird.

Wird auf die drohenden großen Veränderungen unserer Umwelt hingewiesen, hört man als Antwort oft: „Die Menschen sind so erfinderisch; wir werden einen Weg zur Lösung des Problems finden, wenn es an der Zeit ist." Neue Verfahrensweisen und Technologien können in der Tat dazu führen, dass wir uns weniger auf die Naturressourcen stützen müssen und so dem Planeten eine Ruhephase gönnen können. Sie können aber auch den Druck auf die natürlichen Ökosysteme erhöhen oder – wie wir am Beispiel der Fischerei gesehen haben – wiederum neue Probleme verursachen.

Die technologischen Wunder, von denen wir hoffen, dass sie rechtzeitig zu unserer Rettung eintreten werden, setzen lange Jahre der Entwicklung voraus, und in Wirklichkeit gibt es keine Zäsur zwischen einem „Jetzt", in dem wir die Dinge noch aufschieben können, und einer „Zukunft", in der wir beginnen können, über Lösungen nachzudenken. Abzuwarten, bis ein Problem schwerwiegende Folgen zeitigt, ist eindeutig nicht der beste Weg, es zu lösen.

> **Wenn keine neuen Politikmaßnahmen ergriffen werden, laufen wir Gefahr, das ökologische Fundament für dauerhaften wirtschaftlichen Wohlstand in den nächsten Jahrzehnten zu schädigen.**
>
> *OECD-Umweltausblick bis 2030*

Selbst wenn wir die drastischsten Folgen vermeiden können, sind Notfallmaßnahmen in der Regel sehr teuer. Und oftmals können wir die negativen Auswirkungen eines Problems lediglich abschwächen, nicht aber beseitigen. Ganz gleich, ob es sich um Hungersnöte, Umweltkatastrophen oder Überschwemmungen handelt, die Kosten der fehlenden langfristigen Planung haben stets die unmittelbaren Opfer der Krisen zu tragen. Und was den Artenverlust anbelangt, gibt es keine nachträgliche Lösung: Einmal ausgestorbene Arten sind unwiederbringlich verloren.

Planen für die Zukunft

Wir wollen sicherstellen, dass wir durch das, was wir heute tun, keine unlösbaren Probleme verursachen und unseren Planeten nicht auf längere Sicht seiner Kapazität berauben, die Bedürfnisse seiner Bewohner zu erfüllen. Wir besitzen jedoch keine Kristallkugel, die uns zeigen würde, wie sich die Menschen der Zukunft verhalten, wie zahlreich sie sein und welche Ressourcen sie benötigen werden, um ein erfülltes Leben zu führen.

Wir *können* jedoch anhand von Computermodellen auf Grundlage der heutigen Situation Prognosen für die Zukunft erstellen, um zu versuchen, die künftigen Bedingungen vorherzusagen. Derartige Modelle können verwendet werden, um die künftige Verfügbarkeit verschiedener sozialer und natürlicher Ressourcen, von medizinischer Versorgung und Renten bis hin zu fossilen Brennstoffen und Fischbeständen, zu projizieren. Mit ihnen kann unter Berücksichtigung verschiedener Faktoren – Bevölkerungswachstum, Wirtschaftswachstum und Technologieentscheidungen – auch die Nachfrage nach diesen Ressourcen vorhergesagt werden. Sie können uns wesentliche Informationen darüber liefern, was geschehen könnte, wenn wir die nötigen Veränderungen nicht vornehmen.

Das lässt sich am Beispiel zweier möglicher Szenarien für das Jahr 2050 illustrieren: In einem Szenario ist die Bevölkerung auf 9 Milliarden angestiegen und wurde unsere wirtschaftliche Entwicklung durch eine fortgesetzte intensive Nutzung fossiler Brennstoffe vorangetrieben. Auf Grund schwindender Erdgasressourcen ist der Anteil der Kohle an der Stromerzeugung gewachsen. Die erhöhte Produktion hat zu einem Anstieg der Stromnachfrage geführt, und mehr Menschen fahren Auto. Infolgedessen haben sich die jährlichen Treibhausgasemissionen weltweit um über 50% erhöht und sind von nahezu 47 Gigatonnen (d.h. Milliarden Tonnen) im Jahr 2005 auf über 70 Gigatonnen im Jahr 2050 gestiegen. Die CO_2-Konzentration in der Atmosphäre beträgt über 500 ppm und nimmt weiter zu.

Im anderen Szenario ist die Bevölkerung im selben Umfang gewachsen, die Volkswirtschaften sind jedoch von materialintensiven Produktionsformen auf Dienstleistungs- und Informationsaktivitäten umgeschwenkt. Seit 40 Jahren bestehen staatliche Maßnahmen zur Unterstützung des Klimaschutzes, z.B. Abgaben auf Treibhausgasemissionen. Saubere und effiziente Technologien für die Stromerzeugung und die Steuerung der Emissionen wurden rasch entwickelt und weltweit eingesetzt, und der Anteil nichtfossiler Energieträger am Energiemix hat sich deutlich erhöht. Die weltweiten Treibhausgasemissionen haben 2015 ihren höchsten Wert erreicht, und die CO_2-Konzentration in der Atmosphäre stabilisiert sich bei 450 ppm.

Solche Szenarien betrachten die politischen Entscheidungsträger, wenn sie versuchen, die Bedürfnisse von heute und morgen ins Gleichgewicht zu bringen: Wie die Welt aussehen wird, wenn wir wenig oder gar nichts unternehmen, und was wir erreichen können, wenn wir konzertierte, koordinierte Maßnahmen ergreifen.

Bankgeschäfte per Mobiltelefon: Die Entwicklungsländer weisen den Weg

Effiziente Finanzdienstleistungen sind für die wirtschaftliche Entwicklung von zentraler Bedeutung, doch die meisten Menschen auf der Welt besitzen nicht einmal ein Bankkonto. Selbst in den Vereinigten Staaten haben 10 Millionen Haushalte kein Konto bei einer Bank oder einem anderen gängigen Finanzinstitut. Angesichts der zunehmenden Verbreitung digitaler Finanztransaktionen wird der Zugang zu Finanzdienstleistungen selbst für sehr arme Menschen immer wichtiger. In den Entwicklungsländern ist das Problem besonders groß in Gegenden, in denen die Menschen zwar u.U. über die nötigen Mittel verfügen, um ein Konto zu eröffnen, die Banken die Einrichtung von Filialen jedoch nicht als lohnenswert erachten.

Das Ergebnis ist, dass Personen ohne Bankkonto (die sogenannten „Unbanked") hohe Gebühren an Intermediäre zahlen müssen, die Geld für sie versenden oder in Empfang nehmen. Dies kann die Einkommen von Migranten, die Rücküberweisungen an ihre Familien senden, z.B. erheblich schmälern. Solche Menschen müssen u.U. auch einen stundenlangen Weg zur nächsten Bank auf sich nehmen, um Gelder einzuzahlen oder abzuheben. Oder sie müssen ihr Bargeld möglicherweise Personen anvertrauen, die in ihre Herkunftsregion unterwegs sind.

Viele, wenn nicht sogar die meisten derjenigen, denen der Zugang zu Banken verwehrt ist, haben jedoch Zugang zu einem Mobiltelefon, selbst wenn es nicht ihr eigenes ist. Und sie sind nie weit entfernt von einem Laden, in dem Guthabenkarten für diese Telefone verkauft werden. Dies ist die Grundlage für Bankgeschäfte mit dem Mobiltelefon. Geld kann auf das Telefon übertragen werden und als Bargeld bei dem Einzelhändler in Empfang genommen werden, der die Guthabenkarten verkauft. Bei fortgeschritteneren Anwendungen, die in Südafrika allmählich üblich werden, bezahlen die Kunden Dienstleistungen mit ihren Telefonen. Als nächster Schritt ist ein System geplant, das so praktisch in der Anwendung ist wie ein Geldautomat. Dieses System wird Transaktionen zwischen Personen ermöglichen, die Kunden unterschiedlicher Telefonbetreiber und unterschiedlicher Banken sind.

Es bestehen Pläne, dies mit Mikrofinanzierungssystemen zu verbinden. Bisher sind Mikrofinanzierungsgeschäfte von darauf spezialisierten Unternehmen durchgeführt worden. Angesichts der Verbreitung der Bankgeschäfte per Mobiltelefon untersuchen die großen Finanzinstitute nun jedoch Möglichkeiten, ihre Dienstleistungen auf die große Gruppe potenzieller Kunden auszuweiten, die bisher für gewöhnlich als unprofitabel betrachtet wurde. Alastair Lukies, Vorstandsvorsitzender eines der Unternehmen, die dieses Vorhaben unterstützen, erklärte das in einem Interview mit der britischen Zeitung *The Guardian*: „Die Mikrofinanzierung ist eines der Dinge, die die Banken derzeit für sich entdecken. Die „Unbanked" finden jetzt nicht mehr lediglich am Ende des Jahresberichts, im Absatz über die soziale Verantwortung der Unternehmen Erwähnung, sondern stellen plötzlich einen unwahrscheinlich rentablen Markt dar."

Telekommunikationsanalysten von Juniper Research stützen dies mit ihrer Vorhersage, dass die Zahl der Banktransaktionen per Mobiltelefon kräftig ansteigen wird – von 2,7 Milliarden im Jahr 2007 auf 37 Milliarden im Jahr 2011, was nahezu 600 Mrd. US-$ entspricht – und dass der Antrieb für diesen Anstieg von Nutzern in Entwicklungsländern ausgehen wird, die weder über ein Bankkonto noch über eine Kreditkarte verfügen. Anderen Prognosen zufolge soll sich die Gesamtzahl der Transaktionen sogar auf 62 Milliarden erhöhen.

Quelle:

Juniper Research (2008), „The ‚Great Unbanked' to Drive Mobile Finance Market", Juniper Research, 17. Juni 2008, *www.juniperresearch.com*.

Wray, R. (2008), "Cash in Hand: Why Africans are Banking on the Mobile Phone", *The Guardian*, 17. Juni 2008, *www.guardian.co.uk*.

Mit mathematischen Gleichungen, in denen Bevölkerung, Wirtschaftswachstum und Energieverbrauch berücksichtigt sind, werden Projektionen künftiger Treibhausgasemissionen angestellt. Diese Daten werden dann in ein noch komplexeres Klimamodell eingespeist, mit dem sich – auf der Grundlage der besten heute verfügbaren Daten – die voraussichtlichen Auswirkungen schätzen lassen. Wenn wir uns in Richtung des ersten Szenarios bewegen, ist langfristig mit einem Temperaturanstieg um 4-6°C oder mehr zu rechnen. Für das zweite Szenario deuten die Modelle auf einen moderateren Anstieg um 2-3°C hin. Dabei muss man sich vergegenwärtigen, dass eine Hitzewelle, bei der es nur wenige Grad wärmer als üblich ist, schon Tausende von Menschenleben fordern kann, wie wir im Sommer 2003 in Europa gesehen haben – von den komplexeren Auswirkungen, die der Temperaturanstieg bereits heute auf Gletscher und Eiskappen sowie den Meeresspiegel hat, ganz zu schweigen.

Aus derartigen Modellen geht nicht hervor, welche bislang ungeahnten Lösungen sich u.U. noch am Horizont abzeichnen werden, sie können uns jedoch dabei helfen, die möglichen Folgen der Entscheidungen zu begreifen, die wir heute treffen. Und derzeit geht eine klare Botschaft von ihnen aus: Unser gegenwärtiger Entwicklungspfad führt uns geradewegs in eine Situation, in der wir uns mit wesentlichen Veränderungen konfrontiert sehen – Veränderungen, die nahezu jeden Aspekt unseres Lebens berühren werden.

Das Problem Nummer 1 bewältigen: Der Klimawandel und seine Folgen für unsere Zukunft

Die wissenschaftlichen Daten lassen eindeutig auf eine Erwärmung des Klimasystems schließen, und die Veränderungsrate beschleunigt sich.

Climate Change: Meeting the Challenge to 2050
(OECD Policy Brief)

Während des relativ stabilen Klimas der vergangenen 10 000 Jahre seit dem Ende der letzten Eiszeit haben wir – der *Homo sapiens* – die Landwirtschaft entdeckt, Städte erbaut, die Schrift erfunden und ein beeindruckendes Spektrum von Technologien entwickelt. Jetzt zeigen die Befunde, dass wir dabei sind, genau diese Klimabedingungen, von denen wir abhängig sind, zu verändern, was größtenteils auf unsere Abhängigkeit von den fossilen Brennstoffen (zunächst Kohle, dann Öl und Erdgas), die die Industrielle Revolution ermöglichten, zurückzuführen ist. Der Energiebedarf wird sich in absehbarer Zeit weiter erhöhen, da die Industriestaaten ihr Wirtschaftswachstum fortsetzen werden und die Entwicklungsländer sich im Aufholwettlauf befinden. Wenn die Regierungen rund um den Globus an den gegenwärtigen Politikmaßnahmen festhalten, wird der weltweite Energiebedarf 2030 um deutlich über 50% höher liegen als heute, wobei fast die Hälfte des Nachfrageanstiegs auf China und Indien zusammen entfällt.

Wir bezahlen die vergangenen Emissionen der Industriestaaten bereits heute mit häufigeren Hitzewellen und stärkeren Hurrikanen. Beim gegenwärtigen Tempo werden die Gewässer der Arktis bis Mitte des Jahrhunderts, u.U. sogar schon in zehn Jahren, im Sommer völlig eisfrei sein. Und der Meeresspiegel wird unter dem Einfluss der Ausdehnung der wärmeren Wassermassen und des Schmelzwassers von Gletschern und Eiskappen weiter ansteigen.

Seit zwei Jahrzehnten tobt nun schon die Debatte um den Ernst dieser Bedrohung: Den sich häufenden Beweisen für eine wesentliche Veränderung des Klimas einerseits steht Skepsis andererseits gegenüber, und gelegentlich wurde die Möglichkeit eines durch den Menschen verursachten Klimawandels sogar schon ganz von der Hand gewiesen. Indessen stützen die neuesten wissenschaftlichen Befunde in hohem Maße die Hypothese, wonach das Klima sich auf Grund menschlicher Aktivitäten bereits heute verändert.

All diese Veränderungen sind potenziell mit sehr hohen finanziellen und sozialen Kosten verbunden, in deren Licht Untätigkeit vernunftwidrig, kurzsichtig und sogar unmoralisch erscheint. Der Zwischenstaatliche Ausschuss für Klimaänderungen (IPCC) warnt, dass die landwirtschaftliche Produktion in vielen afrikanischen Ländern und Regionen durch wechselhafte Klimaverhältnisse und Klimaveränderungen schwerwiegend beeinträchtigt werden könnte. Die landwirtschaftlich nutzbaren Flächen, die Dauer der Vegetationsperioden und das Ertragspotenzial, insbesondere entlang der Ränder der Steppen- und Trockengebiete, werden sich den Projektionen zufolge verringern. Dies würde die Ernährungssicherheit weiter beeinträchtigen und die Mangelernährung auf dem Kontinent verstärken. In einigen Ländern könnten die Erträge aus Trockenkulturen bis 2020 um bis zu 50% zurückgehen.

Andererseits zeigen die jüngsten Projektionen, dass die Kosten der Reduzierung der CO_2-Emissionen einen minimalen Effekt auf das globale Wachstum haben werden. Das weltweite BIP dürfte sich bis 2030 verdoppeln und bis 2050 verdreifachen. Die Kosten einer Stabilisierung der Treibhausgase in der Atmosphäre bei rd. 450 ppm CO_2 sind im Vergleich zum erwarteten Wirtschaftswachstum und zu den geschätzten Kosten im Fall von Untätigkeit allen Berechnungen zufolge vertretbar. Laut OECD-Schätzungen würden sich die Kosten für diese Stabilisierung in den kommenden Jahrzehnten auf einen Bruchteil des weltweiten akkumulierten Vermögens belaufen, möglicherweise auf unter ein Zehntel Prozent des Wachstums des weltweiten BIP. Dies ist nicht billig, aber zu verkraften.

Derzeit bietet sich eine reale Chance zu handeln, sie wird jedoch nicht lange bestehen bleiben. Wir brauchen heute eine vorausschauende Politik für morgen, um die längerfristig drohenden hohen Kosten im Fall von Untätigkeit oder spätem Handeln zu vermeiden.

OECD-Umweltausblick bis 2030

Schmelzende Gletscher sind mehr als eine Veränderung im Landschaftsbild

Es vergeht kaum ein Tag, an dem wir nicht irgendetwas über den Klimawandel hören oder lesen. In jüngster Zeit hat ein Bericht des Umweltprogramms der Vereinten Nationen die Aufmerksamkeit auf einen neuen, signifikanten Trend gelenkt: Die Gletscher der Erde schmelzen weitaus schneller als je zuvor. Von 30 Referenzgletschern, die seit 1980 regelmäßig von Wissenschaftlern gemessen werden, hat lediglich einer sich leicht vergrößert. Alle anderen sind geschrumpft, und zwar mit einem Durchschnittstempo, das mehr als doppelt so hoch war wie im Vorjahr.

Was bedeutet es, wenn die wichtigsten Gletscher verschwinden? Viele sehen als tragische Konsequenz die Veränderung des gewohnten Landschaftsbilds oder das Verschwinden von Arten, die von der Unversehrtheit dieser Landschaft abhängig sind. Fernsehbilder von Eisbären, die Mühe haben, schmelzende Eisschollen zu überqueren, sind besonders bewegend, da sie uns zu Zuschauern in Echtzeit der Auswirkungen machen, die der Verlust des natürlichen Lebensraums dieser Tiere hat.

Man muss jedoch kein Naturforscher oder Tierliebhaber sein, um über das Abschmelzen der Gletscher besorgt zu sein: Der Gletscherschwund hat auch vielfältige Auswirkungen auf Menschen und Volkswirtschaften. Angesichts des bereits steigenden Meeresspiegels sind die Naturwissenschaftler z.B. sehr besorgt über die zusätzlichen Wassermengen, die in die Ozeane einfließen. Und auch die Auswirkungen, die dies auf Strömungen wie den

Golfstrom hat, die für das globale Klima eine wichtige Rolle spielen, sind beunruhigend. Ein weiterer Effekt, dessen volle Tragweite nur Menschen erfassen, die stromabwärts eines Gletschers leben, ist die Beeinträchtigung der Funktion der Gletscher als Süßwasserlieferanten: Auf den Gipfeln friert Schnee und wird für die künftige Verwendung eingelagert, während beim Abschmelzen Süßwasser in die Flüsse abgegeben wird. Im Himalaya haben Landwirte damit begonnen, „künstliche Gletscher" in Form von Rohrnetzen zu bauen, die das Wasser aus dem schmelzenden Schnee auffangen und kanalisieren. In gemäßigten Zonen ist Wasser somit auch bei Trockenheit den ganzen Sommer hindurch verfügbar. Solange das Gletschersystem funktioniert, wird die Wasserentnahme durch neue Eisablagerungen ausgeglichen.

Beim gegenwärtigen Tempo des Gletscherschwunds ist dies nicht mehr gewährleistet. Forscher des World Glacier Monitoring Service (WGMS) beschreiben ein dramatisches Szenario: Zu starkes Abschmelzen führt zunächst zu Überschwemmungen. Wenn die Gletscher dann zu sehr schrumpfen oder ganz verschwinden, können sie nicht mehr als natürliche Wasserspeicher dienen, was in den trockeneren Jahreszeiten zu einem gravierenden Mangel an Süßwasser führen wird. Für die Millionen Menschen, die bei der Trinkwasserversorgung, beim Anbau von Nahrungsmitteln und bei der Energieerzeugung auf Flüsse angewiesen sind, stellt dies eine lebensbedrohliche Gefahr dar.

So betrachtet, erscheint es heute eine kluge Wahl, den erforderlichen Preis für die Senkung der CO_2-Emissionen zu zahlen. Je stärker die Zusammenarbeit im globalen Maßstab ist, desto niedriger werden außerdem auch die Kosten sein.

Berechnung der Kosten im Fall von Untätigkeit

Die hohen Kosten, mit denen Veränderungen verbunden sind, werden oft als Grund angeführt, weshalb wir es nicht geschafft haben, umfangreichere Maßnahmen zu ergreifen, um bestimmte schlechte Gewohnheiten auszumerzen. Eine besondere Schwierigkeit ist dabei, dass diese Kosten berechnet und verglichen werden müssen. Wir haben relativ große Übung darin, die Kosten von Neuerungen zu berechnen: Wenn etwa in einer Fabrik erwogen wird, die Produktion auf einen saubereren Prozess umzustellen, indem ein Filter zur Verringerung der Stickoxidemissionen (NO_x) eingebaut wird, müssen zunächst die Kosten für das neue Bauteil selbst veranschlagt werden. Dem sind dann die Kosten für den Produktionsstopp während der Durchführung der Arbeiten sowie die Kosten für die Entsorgung des Altmaterials hinzuzufügen.

Die Berechnung der Kosten von Untätigkeit erfordert hingegen die Zusammenführung einer Reihe bisher separat behandelter Fragen wie Gesundheit und Lebensqualität, bei denen sich die Preisermittlung u.U. schwierig gestaltet. Durch Feuer, Dieselmotoren, Verbrennungsanlagen usw. erzeugter Feinstaub verursacht nachweislich Herz- und Lungenkrankheiten, Krebs und Atembeschwerden: 960 000 vorzeitige Todesfälle und 9,6 Millionen „verlorene Lebensjahre" weltweit lautete die Schätzung für das Jahr 2000. Auch photochemischer Smog, ein Ergebnis verschiedener Emissionen, die in städtischen Ballungsräumen anzutreffen sind (NO_x, CO_2, SO_x und bodennahes Ozon, O_3), führt zu Erkrankungen der Atemwege, Herz-Kreislauf-Problemen sowie erhöhter Sterblichkeit.

Wie hoch sind also die Kosten, die der Gesellschaft durch solche zusätzliche Verschmutzung entstehen? Eine Zunahme der Zahl der Arbeitsausfälle bei Erwachsenen und der Asthmabehandlungen bei Kindern ist ein Kostenfaktor für die lokale ebenso wie die Gesamtwirtschaft. Smog wirkt sich auch negativ auf den Wert von Immobilien und das Wachstum von Pflanzen aus. Die entsprechenden Berechnungen auf lokaler Ebene sind komplex. Auf nationaler Ebene werden die Schäden durch Luftverschmutzung für die Vereinigten Staaten auf zwischen 71 und 277 Mrd. US-$ pro Jahr geschätzt.

Die Reduzierung unserer Treibhausgasemissionen wird uns noch mehr kosten als die Nachrüstung von Fabriken, um die Luftverschmutzung vor Ort, z.B. durch NOx, zu verringern. Die potenziellen Kosten der Untätigkeit sind im Bereich des Klimaschutzes jedoch ebenfalls höher.

Wir werden jetzt entschlossen und mit Dringlichkeit handeln, um unsere gemeinsamen, vielfältigen Ziele der Verringerung von Treibhausgasemissionen, der Verbesserung der globalen Umwelt, der Stärkung der Energieversorgungssicherheit und der Verringerung der Luftverschmutzung in Verbindung mit unseren energischen Anstrengungen zur Bekämpfung der Armut zu verwirklichen.

G8-Kommuniqué, Gleneagles-Gipfel 2005

VERRINGERUNG DER AUSWIRKUNGEN VON CO$_2$ AUF DAS KLIMA

Entwicklung der CO$_2$-Konzentration im Zeitverlauf, 2000-2050

CO$_2$ ist ein „Spurengas", seine Konzentration in der Erdatmosphäre beträgt weniger als 1% (während O$_2$ und N$_2$ jeweils 21% bzw. 78% unserer Atmosphäre ausmachen), als Treibhausgas bewirkt es jedoch, dass Wärme nahe an der Erdoberfläche bleibt, was zu Klimaänderungen führt. In den vergangenen 150 Jahren haben die Menschen die Kohlendioxidkonzentration in der Atmosphäre von etwa 280 ppm (Teilen pro Million) auf heute 385 ppm erhöht, hauptsächlich durch die Verbrennung fossiler Brennstoffe. Da zwischen dem Zeitpunkt der Emission eines CO$_2$-Moleküls und dem Moment, an dem sich dessen volle Auswirkungen auf unser hochkomplexes Klimasystem bemerkbar machen, ein gewisser Zeitraum verstreicht, gibt es effektiv keine Möglichkeit, die globale Erwärmung aufzuhalten. Stattdessen sprechen die Fachleute von der *Verringerung* der Erderwärmung. Es werden viele Jahre vergehen, bis wir überhaupt daran denken können, die CO$_2$-Konzentration in der Atmosphäre auf das Niveau der Vergangenheit zurückzuführen.

Wir können ihren Anstieg allerdings begrenzen. Die nachfolgende Abbildung zeigt, auf welchem Niveau sich die CO$_2$-Konzentration im Jahr 2050 in einem Basisszenario (Szenario 1 in diesem Text) befinden wird. Dem wird ein Alternativszenario (Szenario 2) gegenübergestellt, in dem weltweit energische Anstrengungen zur Begrenzung der CO$_2$-Konzentration auf unter 450 ppm ergriffen werden.

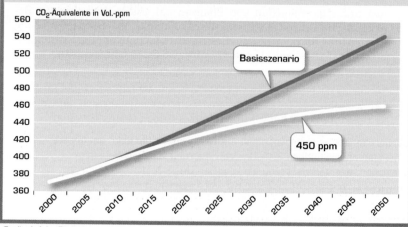

CO$_2$-Äquivalente in Vol.-ppm

Quelle: Auf der Basis des OECD-Umweltausblicks bis 2030.

StatLink : http://dx.doi.org/10.1787/478401310185

Die politische Entschlossenheit, die die Staats- und Regierungs-
chefs der Industriestaaten 2005 beim G8-Gipfel in Gleneagles bekun-
deten, veranlasste die Internationale Energie-Agentur (IEA) dazu, eine
Reihe von Szenarien und Strategien zu veröffentlichen, die auf die
Erfüllung von Umweltzielen ausgerichtet sind. Die sogenannten ACT-
Szenarien zeigen, dass es – wenn die richtigen Entscheidungen früh
genug getroffen werden – möglich ist, das Energiesystem in den nächsten
fünfzig Jahren durch Verwendung von Technologien, die bereits heute
verfügbar sind bzw. in den nächsten zehn bis zwanzig Jahren für den
kommerziellen Einsatz zur Verfügung stehen werden, auf eine trag-
fähigere Grundlage zu stellen. In den ACT-Szenarien werden die
Emissionen auf dem Niveau von 2005 stabilisiert.

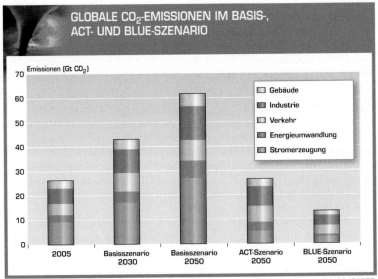

GLOBALE CO$_2$-EMISSIONEN IM BASIS-,
ACT- UND BLUE-SZENARIO

Emissionen (Gt CO$_2$)

- Gebäude
- Industrie
- Verkehr
- Energieumwandlung
- Stromerzeugung

2005   Basisszenario 2030   Basisszenario 2050   ACT-Szenario 2050   BLUE-Szenario 2050

Quelle: OECD/IEA (2008),
Energy Technology Perspectives 2008:
Scenarios and Strategies to 2050.

StatLink : http://dx.doi.org/10.1787/478403431232

Eine solche Stabilisierung der Emissionen auf dem Niveau von 2005
reicht jedoch u.U. nicht aus. Der IPCC ist zu dem Schluss gekommen,
dass die Emissionen bis 2050 um 50-85% gesenkt werden müssen,
wenn die globale Erwärmung auf 2-2,4°C begrenzt werden soll. In den
BLUE-Szenarien der IEA wird untersucht, wie dies geschehen könnte,
was auch die Nutzung von Technologien beinhaltet, die noch zu
entwickeln sind, z.B. mit Brennstoffzellen betriebene Fahrzeuge.

Auch hier stehen wir vor zahlreichen Entscheidungen: Wird es den
Regierungen, der Wirtschaft und uns selbst – in unseren eigenen,
persönlichen Entscheidungen – gelingen, unsere Kräfte zu bündeln,

um die nötigen Veränderungen herbeizuführen? Die Szenarien zeigen, dass wir effektiv in der Lage sind, unsere Emissionen zu verringern, auf Aktivitäten umzusteigen, die das Klima nicht beeinträchtigen, und dabei dennoch das Wachstum unserer Volkswirtschaften voranzutreiben. Voraussetzung dafür ist allerdings, dass wir auf internationaler Ebene abgestimmte Anstrengungen unternehmen, um die Frage des Klimawandels nachhaltig zu lösen.

Die Bildungsgrundlagen für eine nachhaltige Zukunft schaffen

Schließlich gilt es noch, genau zu untersuchen, wie wir in unsere jetzige Situation geraten sind, und ernsthaft darüber nachzudenken, wie wir unsere Gewohnheiten und Verfahrensweisen auf nachhaltige Weise verändern können. Da wir jetzt so viel mehr über die Beziehung zwischen der Entwicklung und dem Wohlergehen der Menschen sowie der natürlichen Systeme wissen, müssen wir nun Wege finden, dieses Wissen weiterzugeben.

Um nicht wieder vor den Problemen zu stehen, mit deren Lösung wir heute zu kämpfen haben, müssen die künftigen Generationen damit fortfahren, die Entscheidungsfindung zu verbessern und nachhaltiger zu gestalten. Diese Botschaft wird von Eltern, Medien und zunehmend auch von Schulen vermittelt: Die UNESCO erklärte 2005-2014 zur Dekade „Bildung für Nachhaltige Entwicklung". Staaten von Australien bis Frankreich, von Chile bis China, haben Umweltkonzepte in ihre nationalen Lehrpläne aufgenommen und bauen Ökoschulen auf, um die jüngeren Generationen für die Zukunft mit dem Rüstzeug auszustatten, die sie zur Fortführung dieser Ideen benötigen. Kindern die komplexen Konzepte nachhaltiger Entwicklung – Wechselwirkungen, interdisziplinäres Denken, generationsübergreifende Bedürfnisse – im Unterricht nahezubringen, ist jedoch ein weitaus schwierigeres Unterfangen. Die Ausarbeitung von Lehrplankonzepten zur Vermittlung der Grundsätze nachhaltiger Entwicklung befindet sich derzeit noch in der Anfangsphase.

Wir sind es den künftigen Generationen schuldig, Mechanismen einzurichten, mit denen Nachhaltigkeit erreicht werden kann: Die Staaten können Emissionsquoten einführen und den Emissionshandel umsetzen, um so die Kosten jeder zusätzlichen Tonne CO_2-Ausstoß zu erhöhen, und sie können gleichzeitig alternative Energiequellen entwickeln und zugänglich machen. Wichtig ist dabei, nicht zu vergessen, dass wir das auch uns selbst schuldig sind: Viele der Konsequenzen unseres Handelns scheinen in ferner Zukunft zu liegen, in Wirklichkeit ist diese Zukunft jedoch u.U. viel näher, als uns lieb ist. Alternde Bevölkerungen, zunehmende Armut, stärkere Hurrikane, häufigere Hitzewellen, vermehrte Hochwasser ... die Befunde deuten darauf hin, dass es sich hier nicht mehr um Projektionen handelt: Die Zukunft beginnt heute.

Weitere Informationen

OECD

Im Internet

Allgemeine einführende Informationen über die Arbeit der OECD im Bereich nachhaltige Entwicklung finden sich unter: www.oecd.org/sustainabledevelopment.

Veröffentlichungen

OECD-Umweltausblick bis 2030 (2008): Der *OECD-Umweltausblick bis 2030* liefert Analysen ökonomischer und ökologischer Trends bis 2030 sowie Simulationen politischer Maßnahmen zur Bewältigung der wichtigsten Herausforderungen. Er zeigt, dass es sowohl möglich als auch finanzierbar ist, die größten ökologischen Probleme der heutigen Zeit – darunter Klimawandel, Verlust an biologischer Vielfalt, Wassermangel und Gesundheitsschädigungen durch Umweltverschmutzung – zu bewältigen. Besonderes Augenmerk gilt dem Policy Mix, mit dem diesen Herausforderungen auf kosteneffiziente Weise begegnet werden kann. In diesem *Umweltausblick* wird nicht nur auf die Entwicklungen in den OECD-Ländern, sondern auch in Brasilien, Russland, Indien, Indonesien, China sowie Südafrika und insbesondere auf die Frage eingegangen, wie die Länder im Hinblick auf globale und lokale Lösungen für ökologische Probleme besser zusammenarbeiten können.

Energy Technology Perspectives 2008: Scenarios and Strategies to 2050 IEA, 2008:
Mit dieser Veröffentlichung kam die IEA dem Ersuchen der G8-Länder nach, Orientierungshilfen für politische Entscheidungsträger in der Frage zu liefern, wie die Kluft zwischen der aktuellen Entwicklung und den nötigen Maßnahmen zur Sicherung einer sauberen, intelligenten und wettbewerbsfähigen Energiezukunft überbrückt werden kann. Die Analyse zeigt, dass wir eine nachhaltigere Energiezukunft erreichen können und dass Technologien der Schlüssel dafür sind.

Sonstige Dokumente

Teaching Sustainable Development (2008): Dieser Bericht bietet eine Zusammenfassung der Ergebnisse der im September 2008 veranstalteten Arbeitstagung zu Bildung und nachhaltiger Entwicklung sowie – als Beitrag der OECD zur VN-Dekade „Bildung für Nachhaltige Entwicklung" (2005-2014) – Vorschläge für Unterrichts- und Lehrplanansätze.
www.oecd.org/sustainabledevelopment

Climate Change: Meeting the Challenge to 2050, *OECD Policy Brief* (2008):
In den vergangenen zehn Jahren haben Regierungen in aller Welt einen internationalen Rahmen zur Bekämpfung des Klimawandels entwickelt, und viele Länder haben entsprechende Politikmaßnahmen umgesetzt. Diese Erfahrungen werden zwar als Grundlage für die Entwicklung künftiger Klimapolitiken und eines Rahmens zur Bekämpfung des Klimawandels auf internationaler Ebene nach 2012 außerordentlich wertvoll sein, die derzeitigen Maßnahmen reichen jedoch nicht aus, um das Fortschreiten des Klimawandels deutlich zu verlangsamen.

In diesem Policy Brief wird auf die Untersuchungen eingegangen, die die OECD zu den voraussichtlichen Auswirkungen der verschiedenen Maßnahmen zur Abschwächung des Klimawandels angestellt hat.
www.oecd.org/publications/policybriefs

„The Economics of Climate Change: The Fierce Urgency of Now", Rede von Angel Gurría, Generalsekretär der OECD, auf der VN-Konferenz über Klimaänderungen in Bali, Indonesien, am 12. Dezember 2007
In seiner Rede stellte Gurría die Klimaschutzmaßnahmen vor, die zur Begrenzung weiterer negativer Entwicklungen ergriffen werden sollten. Zur Beantwortung der entscheidenden Frage, wer die Kosten dieser Maßnahmen tragen solle, verwies er darauf, dass die Länder, die den Klimawandel verursacht haben, dazu finanziell besser in der Lage seien als diejenigen, die erst seit kürzerem zur Gruppe der großen Emittenten gehören.
www.oecd.org/secretarygeneral

5

Bei der nachhaltigen Entwicklung geht es darum, dass Hersteller und
Verbraucher bessere Entscheidungen treffen – Entscheidungen, die
nicht zu einer Erschöpfung unserer Ressourcen führen oder
Auswirkungen haben, mit denen wir buchstäblich nicht leben können.
Um richtige Entscheidungen treffen zu können, müssen wir die
Produkte und die Verfahren, die wir täglich nutzen, besser kennen.
Regierungen und Unternehmen müssen zusammenarbeiten, um
nachhaltige Alternativen zu schaffen und diese den Verbrauchern nahe
zu bringen. Menschen brauchen Anreize, darunter auch Information
und Bildung, um nachhaltiger zu konsumieren.

Produktion und Verbrauch

Zur Einleitung ...

In Samuel Becketts Roman *Malone stirbt* beschließt die Hauptfigur, eine Liste zu erstellen. Wörtlich genommen mag Malones Idee wie ein typisches Beispiel von Absurdität erscheinen. Doch wie so oft bei Beckett kann eine alltägliche Begebenheit plötzlich unerwartete Tiefen offenbaren, Komplexitäten und Beziehungen zwischen dem, was wir sind, was wir tun und, in diesem Fall, was wir besitzen. Stellen Sie sich vor, Sie würden versuchen, alles aufzuschreiben, was Sie besitzen – jeden einzelnen Gegenstand. Das würde einige Zeit in Anspruch nehmen, nicht wahr? Wenn wir jedoch nur ein paar Generationen zurückblicken, wäre dies für die meisten Mitglieder Ihrer Familie ein weitaus leichter lösbares Problem gewesen – Nahrung, Arbeitskleidung, vielleicht ein Feiertagsgewand, das ein Leben lang hält, ein paar Haushaltsutensilien und möglicherweise noch ein paar andere Besitztümer. Und sonst nichts.

Auch heute noch würden die 40% der Weltbevölkerung, die mit weniger als zwei Dollar am Tag auskommen müssen, nicht lange dazu brauchen, die Liste ihrer Habseligkeiten zu erstellen. In OECD-Ländern hingegen haben der Wirtschaftsaufschwung und die Sozialreformen der letzten Jahrzehnte dazu geführt, dass die materiellen Lebensbedingungen der meisten Menschen unglaublich besser sind als je zuvor in der Geschichte. Schnell wachsende Volkswirtschaften wie China, Indien und Brasilien holen auf, und ihre Konsumgewohnheiten konvergieren mit denen der OECD-Länder. Weltweit besitzen immer mehr Menschen immer mehr Dinge.

Dies hat offensichtliche Folgen für die nachhaltige Entwicklung. Die Milliarden an Gütern und Komponenten, die Menschen heute besitzen, müssen alle hergestellt, transportiert und, früher oder später, entsorgt werden. Verbrauch und Produktion berühren praktisch jeden Bereich unseres Lebens: den internationalen Handel, die Landwirtschaft, die Energieversorgung, die Arbeitsbedingungen, das Sozialleben und den Wohlstand. De facto haben alle Bereiche, die als wichtig für die nachhaltige Entwicklung eingestuft werden, etwas damit zu tun, was Produzenten auf den Markt bringen und was Verbraucher – ob nun Einzelne, Gruppen oder Regierungen – davon abnehmen.

▶ In diesem Kapitel werden wir untersuchen, wie die Konsumgewohnheiten sich dadurch verändern, dass mehr Güter zu Preisen angeboten werden, die sich ein größerer Teil der Allgemeinheit leisten kann. Wir werden uns auch den „versteckten" Kosten der Produktion und des Verbrauchs widmen. Wir werden ebenfalls darüber nachdenken, was sie für die Menschen bedeuten, die dafür zahlen müssen. Schließlich werden wir sehen, was Verbraucher, Produzenten und Regierungen tun können, um nachhaltigere Vorgehensweisen zu unterstützen.

Die materielle Gesellschaft

Wir leben in einer „produktivistischen" Gesellschaft, in der Wachstum und Wirtschaftstätigkeit seit langem das Hauptziel der Aktivitäten sind, die wir als Einzelne und als Gemeinschaften unternehmen. Das weltweite BIP ist von ca. 16 Bill. US-$ Mitte der 1970er Jahre auf heute über 40 Bill. US-$ gewachsen. Unternehmen produzieren heute immer mehr und erfinden pausenlos neue Produkte.

Als einfaches Beispiel können wir noch einmal kurz auf Malone zurückkommen. Er bringt es nicht sehr weit mit seiner Liste, da er von einem Bleistift und einem Notizbuch völlig überwältigt ist. Selbst solche kleinen und scheinbar harmlosen Gegenstände können uns zu einer Denkpause einladen, wenn wir erst einmal anfangen, die Summe ihres „Gewichts" auf der Welt zusammenzurechnen. Jedes Jahr produziert allein Faber-Castell zwei Milliarden Bleistifte, genug, um von hier bis zum Mond Bleistifte aneinanderzureihen. Ein gewöhnlicher Graphitbleistift reicht für ungefähr 45 000 Wörter, sprich etwa 70 engbeschriebene Seiten, oder anders ausgedrückt eine Linie von fast 60 km Länge. Faber-Castell könnte also wahrscheinlich mit einer Jahresproduktion den Weltbedarf an Bleistiften für einige Zeit decken. Ein rascher Blick in ein beliebiges Schreibwarengeschäft liefert jedoch ein ganz anderes Bild. Der moderne Markt bietet eine unglaubliche Angebotsbandbreite und -fülle selbst an den einfachsten Produkten. Und die Hersteller bemühen sich unentwegt, den nächsten großen Renner zu produzieren, das nächste Modeobjekt, dem keiner widerstehen kann. Arbeiter, Forschung, Rohstoffe, Maschinen, Baugruppen, Marketing und Vertrieb sowie unzählige weitere Dienstleistungen werden mobilisiert, um unsere Verbrauchernachfrage nach neuen und besseren Produkten zu decken.

Wenngleich es weiterhin Armut und Entbehrung gibt, genießen die meisten Menschen in den OECD-Ländern einen Lebensstandard, der es ihnen ermöglicht, einen bedeutenden Anteil ihres Einkommens für Güter und Dienstleistungen zu verwenden, die weder Nahrung, Wohnung oder Kleidung noch andere Grundbedürfnisse betreffen. Selbst für diese Grundbedürfnisse können die meisten von uns viel mehr ausgeben, als es für unser körperliches Wohlbefinden notwendig wäre. Konsum durchdringt alle Lebensbereiche und beginnt schon vor der Geburt, wenn die Freunde und Verwandten der Eltern das freudige Ereignis mit Geschenken feiern. Babys selbst beginnen zu konsumieren oder Kaufentscheidungen zu beeinflussen, sobald sie mit dem Finger auf ein Spielzeug oder eine Müslipackung zeigen können. In den Vereinigten Staaten wird z.B. erwartet, dass die eigenverantwortlichen Ausgaben von Kindern zwischen 3 und 11 Jahren von 18 Mrd. US-$ im Jahr 2005 auf über 21 Mrd. US-$ 2010 steigen werden, während Familien im Jahr 2010 bereits über 140 Mrd. US-$ für Konsum für ihre Kinder ausgeben werden.

Was ist nur aus dem papierlosen Büro geworden?

Tatsächlich scheint der Konsum oft das Hauptkriterium für die Definition von Aktivitäten oder sozialen Gruppen zu sein. Der Vorsitzende des IFPI (Weltverband der Musikindustrie) äußerte sich 2005 auf einer Messe wie folgt: „Eine neue Generation hat neue Wege für den Konsum von Musik definiert". Es geht nicht darum, Musik zu „hören" oder „sich daran zu erfreuen", sondern sie zu „konsumieren". In den letzten Jahrzehnten hat die Technologie zum „Konsum" von Musik mehrere tiefgreifende Veränderungen erfahren: Schallplatten, Kassetten, CDs und nun die immaterielle digitale Datei.

Die Produktion hat weitaus größere Folgen für die Nachhaltigkeit als der Verbrauch, so dass für sich betrachtet die Tatsache, dass Güter nun in digitaler Form erhältlich sind, für die Nachhaltigkeit eine gute Nachricht ist. Eine Million Kopien eines Lieds über das Internet als Downloads zu verkaufen, spart tonnenweise Plastik, Verpackung und Treibstoff, der benötigt würde, um die CDs in die Regale und die Fans in die Läden zu befördern. Doch auch hier ist zu berücksichtigen, dass es bei der Nachhaltigkeit eben nicht darum geht, Dinge einzeln zu betrachten, sondern darum, die Trends und Wechselbeziehungen zu untersuchen, die den gesamten Zyklus der Herstellung und des Konsums ausmachen. In diesem konkreten Fall bedeutet dies, nicht zu vergessen, dass die virtuelle Wirtschaft physische Fundamente besitzt und dass ein digitales Produkt Ressourcen nutzt und Abfall produziert. Mehr als 7 Millionen Tonnen Telefone, Computer und Fernseher wurden 2006 verkauft, und es wird erwartet, dass diese Summe bis 2016 auf fast 10 Millionen Tonnen jährlich ansteigt. Die Server, auf denen all diese Informationen gespeichert werden, verbrauchen beträchtliche Mengen an Strom – mehr als 1% des gesamten weltweiten Verbrauchs.

> Unsere übergeordnete Herausforderung besteht darin, das Wirtschaftswachstum drastisch von der Nutzung natürlicher Ressourcen und der Umweltschädigung zu entkoppeln.
>
> Connie Hedegaard, dänische Umweltministerin,
> *Measuring Sustainable Production*

Die digitale Revolution hat hunderte neuer Produkte auf den Markt gebracht, oft genug ohne die Ressourceneinsparungen, die von diesen Innovationen erwartet wurden. Seit dreißig Jahren wird nunmehr angekündigt, dass der PC und andere Fortschritte bei der elektronischen Ausstattung den Papierverbrauch reduzieren würden, Stichwort „papierloses Büro". In der Praxis hat sich der Verbrauch an Papierprodukten seit Mitte der 1970er Jahre fast verdreifacht. Natürlich ist nicht alles auf Büroanwendungen zurückzuführen, dennoch hat beispielsweise die Einführung von Emails in Organisationen zu einem Anstieg des Papierverbrauchs um 40% geführt. Andere Bürotechnologien haben ebenfalls erhebliche Folgen für die Nachhaltigkeit, man denke z.B. an die 3,3 Liter Erdöl, die man braucht, um eine Laserdruckerpatrone zu produzieren. Und trotz der Möglichkeiten, durch Telearbeit Fahrten einzusparen, arbeitet der Großteil der Menschen weiterhin in Büros, und weniger als 2% der Arbeitnehmer arbeiten mehr als acht Stunden pro Woche daheim.

Warum haben der technologische Fortschritt und die sogenannte Informationsgesellschaft nicht die Ressourcen- (und Zeit-)einsparungen gebracht, die möglich sein müssten? Nun, zum einen sind die Waren billiger geworden – man kann jetzt einen Laserdrucker zu dem Preis kaufen, den vor fünf Jahren die billigsten Tintenstrahldrucker gekostet hätten – und der weltweite Lebensstandard steigt, wodurch die Anzahl der Käufer für alle möglichen Artikel zunimmt. Zum anderen muss die Antwort auf diese Frage auch berücksichtigen, wie die Menschen die Technologie nutzen, nämlich indem sie z.B. Wegwerfartikel den wiederverwertbaren vorziehen. Produktion und Verbrauch nachhaltig zu gestalten, bedeutet, dass man den gesamten Lebenszyklus eines Produkts einbezieht, von den für die Produktion benötigten Rohstoffen bis zu Arbeitskosten und -bedingungen, Transportkosten, Einzelhandelsvertrieb, Nutzung und Entsorgung.

Zwei Seiten einer Medaille

Gemeinsam bilden Herstellung und Verbrauch den Kern der Wirtschaft. Sie tragen auch dazu bei, den sozialen Status zu bestimmen, und beeinflussen die Umwelt. Anhand eines Alltagsgegenstands, des Mobiltelefons, können wir einige dieser Fragen besser verstehen.

Vor dreißig Jahren war die Idee eines winzigen Funktelefons, mit dem man praktisch die ganze Welt anrufen könnte, so etwas wie Science Fiction. Heute erscheint man als Sonderling oder Technikhasser, wenn man keines besitzt. Selbst in Ländern mit sehr niedrigem Einkommen und großen Armutsproblemen ist die Mobilfunktechnologie relativ verbreitet, in vielen Fällen hat sie sogar die traditionelle Telekommunikation überholt. In den Entwicklungsländern gibt es nur ungefähr 14 Festnetztelefonanschlüsse je 100 Einwohner, gegenüber 33 Mobilfunkanschlüssen. Und laut der Internationalen Telekommunikationsunion zeigt der Trend bei Mobiltelefonen steil nach oben, während der bei Festnetzanschlüssen in den Industriestaaten sogar rückläufig ist.

Was bedeutet dies für die nachhaltige Entwicklung? Es bedeutet, dass mehr Menschen denn je Zugang zu modernen Kommunikationsnetzwerken und zu deren Vorteilen erhalten. Im Zuge der Verbreitung des Internetzugangs per Mobiltelefon bedeutet es, dass Menschen, die sich keinen Computer leisten können, Anschluss an das Internet erhalten werden. Es bedeutet, dass Bankdienste angeboten werden können, ohne dass Bankgebäude gebaut werden müssen. Aber da wir beschlossen haben, alles zu betrachten, was in ein Produkt hineinkommt (und was herauskommt), müssen wir auch die materiellen Auswirkungen all dieser Telefone einbeziehen. Ende 2007 gab es weltweit 3,3 Milliarden Mobilfunkanschlüsse, und jedes Jahr werden 1 Milliarde Mobiltelefone verkauft. Ein durchschnittlicher Nutzer tauscht alle 18-24 Monate sein Telefon aus, und nur wenige der ausrangierten Modelle werden wiederverwertet. Ein einziges Telefon macht vielleicht keinen großen Unterschied, der Lebenszyklus von Milliarden Telefonen ist hingegen ein enormes Problem.

Aus den Augen, aus dem Sinn?

Was passiert tatsächlich mit all dem Abfall am Ende des Produktzyklus? Was genau bedeutet der Begriff „aufbewahren oder wiederverwerten"? Wo geht das alles wirklich hin, wenn es „exportiert" wird? Im Jahr 2006 löschte der Tanker *Probo Koala* eine Ladung toxischer Abfälle, die in Abidjan, der Hauptstadt von Côte d'Ivoire, auf Lastwagen verladen wurden. Die Lastwagen luden dann den Abfall auf 14 städtische Mülldeponien rund um die Stadt ab. Die daraus folgende Verunreinigung tötete mindestens sieben Menschen und vergiftete 9 000 weitere, die unter Erbrechen, Kopfschmerzen und Hautreizungen litten. Diese Geschichte nimmt ihren Ursprung in Amsterdam, wo es 500 000 Euro gekostet hätte, den Abfall zu entsorgen. Das Schiff fuhr von dort nach Estland, welches sich weigerte, den Müll auf seinem Hoheitsgebiet aufzunehmen. Deshalb wurde er nach Afrika geschickt, und eine neu eingetragene Firma erhielt 18 500 US-$ dafür, dass sie den Abfall entsorgte. Der Fall *Probo Koala* ist nur ein Beispiel für die „Grauzonen", die es bei der Abfallentsorgung gibt. Wie andere ähnliche Fälle zeigt dieser, wie viele Faktoren im Bereich der Governance, der Regulierung und sogar der Geopolitik Nachhaltigkeit verhindern oder erschweren können.

Die Rohstoffseite im Lebenszyklus eines Produkts kann ebenfalls einen großen Einfluss auf die Lebensqualität, Gesundheit und Sicherheit der Menschen ausüben. Dies kann sogar unbeabsichtigterweise zu Konflikten beitragen, so z.B. im Falle der Kondensatoren, die man in Mobiltelefonen, tragbaren Computern und anderen elektronischen Apparaten findet, und die ein Element namens Tantal nutzen, welches für seine gute Wärmeleitfähigkeit und Energieeffizienz geschätzt wird. Australien ist zwar der weltgrößte Produzent dieses Metalls, doch durch die steigende Nachfrage sind auch andere Bezugsquellen interessant geworden. Ein Bericht der Vereinten Nationen legte offen, dass der Bürgerkrieg in der Demokratischen Republik Kongo teilweise durch illegalen Abbau und Handel mit Coltan finanziert wird, der afrikanischen Abkürzung für Columbo-Tantalit, einer Quelle für die

Elektroschrott

> Nokia hat untersucht, wie viel CO_2 ein durchschnittliches „3G" (=UMTS) Telefon pro Jahr produziert: 12,3 kg bei der Herstellung, 33 kg beim Betrieb des Geräts und 9,6 kg für Betreiberaktivitäten, also eine Summe von fast 55 kg Kohlendioxid pro Telefon. Die Studie beschreibt ebenfalls eine Reihe von Substanzen, die unschädlich sind, wenn das Telefon intakt ist, die jedoch gefährlich sein könnten, wenn das Recycling nicht korrekt durchgeführt wird (*http://ec.europa.eu/environment*).

> Nach Informationen der VN entstehen jedes Jahr 20-50 Millionen Tonnen Abfall von elektrischen und elektronischen Geräten (*waste from electrical and electronic equipment* – WEEE) durch die Produkte, die wir wegwerfen. (Im Jahr 2005 konnten Besucher in London den WEEE-Mann betrachten, einen sieben Meter hohen Riesen, der aus dem geschätzten Elektroschrott bestand, den ein Brite im Laufe seines Lebens wegwerfen wird.) Greenpeace geht davon aus, dass nur 25% des WEEE, der jedes Jahr innerhalb der EU27 generiert wird, gesammelt und fachgerecht entsorgt werden. Es gibt keine genauen Daten darüber, ob der Rest aufbewahrt, auf andere Weise innerhalb der EU entsorgt oder in Entwicklungsländer exportiert wird. Ein Teil der gesammelten 25% könnte ebenfalls exportiert werden, und Exporte von gefährlichen Abfällen finden statt, obwohl es ein EU-weites Verbot solcher Exporte in Nicht-OECD-Länder gibt. Für die Vereinigten Staaten liegen vergleichbare Zahlen vor, wobei 80% dieser Abfälle verbrannt, deponiert, „gelagert und wiederverwertet" oder exportiert werden (*www.greenpeace.org*).

Gewinnung von Tantal. Die Telefonhersteller kaufen das Coltan nicht direkt, und es ist sehr schwierig, herauszufinden, welche Zulieferer illegales Material nutzen, umso mehr, als eine Vielzahl an Elementen in die Herstellung eines Telefons einfließt – 500 bis 1 000 je nach Modell.

Der rechte Preis

Wenn es darum geht, zu beschreiben, wie der Preis von Waren festgelegt wird, könnten die meisten unter uns die verschiedenen berücksichtigten Faktoren beschreiben, wie Rohstoffe, Arbeitskosten, Gewinnmarge usw. Diese wirtschaftlichen Parameter bilden jedoch nur einen Teil der Wahrheit. Die Zeitschrift *Economist* hat einen amüsanten und anschaulichen Index erfunden, den sie den „Big Mac Index" nennt und der dazu dient, die Preise auf der ganzen Welt zu vergleichen. So muss z.B. ein Durchschnittsamerikaner ungefähr zehn Minuten arbeiten, um sich einen Hamburger leisten zu können, wohingegen ein Kenianer dafür drei Stunden arbeiten müsste. Wir können diese neuartige Betrachtungsweise nutzen, um über Herstellung und Verbrauch nachzudenken.

Die meisten unter uns wären sicher bereit, 10-15 Minuten zu arbeiten, um sich einen Hamburger zu kaufen. Was jedoch, wenn Sie erst die 2 400 Liter Wasser beschaffen müssten, die man braucht, um ihn herzustellen? Wahrscheinlich haben Sie schon einmal von dem CO_2-

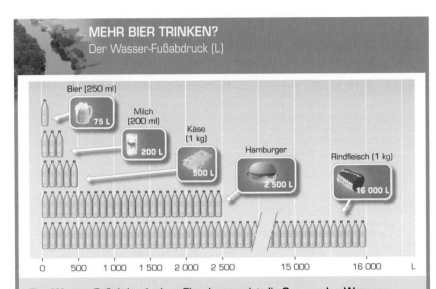

Der Wasser-Fußabdruck einer Einzelperson ist die Summe des Wassers, das benötigt wird, um die Waren und Dienstleistungen zu produzieren, die er oder sie verbraucht. Manche Produkte, von denen man denken könnte, dass sie gleichwertig sind, weisen erstaunliche Unterschiede auf. Eine Tasse Tee „kostet" z.B. 30 Liter Wasser, Kaffee hingegen 140 Liter und Fruchtsaft 190 Liter. Man könnte argumentieren, dass der besorgte Verbraucher recht daran täte, Bier zu trinken, denn ein Glas Bier (250 ml) kostet den Planeten nur 75 Liter Wasser. Wie weiter oben erklärt, beinhaltet der Wasser-Fußabdruck jedoch die gesamte Produktionskette, und die Dose, die Flasche oder das Fass müssen ebenfalls berücksichtigt werden. Der durchschnittliche weltweite Wasser-Fußabdruck von Industrieprodukten beträgt 80 Liter pro Dollar Wertschöpfung, hier gibt es jedoch große Unterschiede, zum Beispiel 10-15 Liter für Japan, Australien und Kanada, 20-25 Liter für Indien und China sowie 50 Liter für Deutschland und die Niederlande. Der Wasser-Fußabdruck eines Landes beinhaltet den Teil des Abdrucks, der im Land anfällt (interner Fußabdruck), und den Teil, der auf die Nutzung von Wasser in anderen Ländern zurückgeht (externer Fußabdruck). Der weltweite Durchschnitt pro Person beträgt etwa 1 250 m^3 pro Jahr, die Hälfte des Werts des größten Pro-Kopf-Verbrauchers, der Vereinigten Staaten. Für China beläuft er sich auf 700 m^3, wovon lediglich 7% außerhalb des Landes stattfinden. Japan hat einen Fußabdruck von 1 150 m^3, und rd. 65% seines gesamten Wasser-Fußabdrucks fallen außerhalb des Landes an.

Fußabdruck (*carbon footprint*) gehört – das ist die Menge an Kohlendioxid (CO_2), die bei verschiedenen Aktivitäten produziert wird, z.B. bei Reisen. Der Wasser-Fußabdruck (*water footprint*) ist ein vergleichbarer Wert, der den Verbrauch von Süßwasser misst. Die Basis ist die Idee von „virtuellem Wasser". So enthält ein T-Shirt z.b. kein Wasser, dennoch braucht man durchschnittlich 11 000 Liter davon, um ein Kilogramm der Baumwolle zu produzieren, aus der es gemacht wird, wenn man die Bewässerung, das Bleichen, das Färben und all die anderen Etappen der Produktionskette mitrechnet. Virtuelles Wasser ist also die Gesamtmenge, die verwendet wird, um ein Produkt herzustellen, und für ein T-Shirt beläuft sie sich auf bis zu 2 700 Liter. Anders als der Brennstoff, der CO_2 produziert, wird Wasser jedoch den Hauptnutzern selten zu einem Preis verkauft, der alle tatsächlichen Kosten einberechnet. Oft sind die Kosten für die Bereitstellung von Infrastruktur, Klärung, Aufbereitung und Verteilung bezuschusst, so dass weniger Motivation besteht, Wasser nachhaltig zu nutzen.

Wie viel kostet es wirklich und wer zahlt?

Wirtschaftsexperten verwenden den Begriff Externalitäten zur Beschreibung der positiven und negativen Aspekte, die nicht direkt in den Preisen inbegriffen sind. Bienen werden oft als typisches Beispiel einer positiven Externalität genannt. Der Imker hält sie sich, um Honig verkaufen zu können, darüber hinaus bestäuben sie jedoch alle Pflanzen der Umgebung, zum Nutzen der Landwirte und Gärtner. Die Umweltverschmutzung durch Fabriken ist eine typische negative Externalität, da die Kosten für die öffentliche Gesundheit nicht bei den Produktionskosten mitgerechnet werden, welche die Schadstoffverursacher bezahlen. Den rechten Preis festzulegen, bedeutet, dass man sich dem „realen" Preis annähert – und dies erfordert die Einbeziehung dessen, was die Herstellung und der Verbrauch eines Guts an Externalitäten hervorbringen wird.

Dingen einen Wert beizumessen, die bisher bei den Buchhaltungs-, Budgetierungs- und Messsystemen nicht berücksichtigt wurden, ist eine große Herausforderung. Es ist z.B. nicht einfach, den Wert natürlicher Ressourcen festzulegen. Für manche, wie Wälder, können wir den Wert dessen errechnen, was produziert wird, da es gekauft und verkauft wird und somit einen monetären Wert besitzt. Dennoch erlaubt uns die Kenntnis des Holzpreises – und somit ein Wissen über den monetären Wert des Waldes – keine Aussage über den Wert dieses Waldes beim Ausgleich von CO_2-Emissionen, seiner Rolle beim Schutz der biologischen Vielfalt oder seines spirituellen und kulturellen Werts für die Menschen, deren Lebensweise davon abhängt. Noch schwieriger ist es, sauberer Luft einen Wert beizumessen. Die Luftverschmutzung generiert Kosten in Form von höheren Krankheitsraten, niedrigeren

Grundstückswerten in „schmutzigen" Gegenden sowie derzeitigen und künftigen Schäden auf Grund des Klimawandels. Saubere Luft ist uns etwas wert, aber können wir diesen Wert genau beziffern? Das Konzept der „ökologischen Dienstleistungen" berücksichtigt, dass die Tatsache, für diese Dienstleistungen einen Preis festzulegen, einen nützlichen Beitrag dazu leistet, dass sie geschätzt werden – indem die „realen" Kosten des Ressourcenverbrauchs eingerechnet werden.

Inzwischen wurde im Rahmen des *Millennium Ecosystem Assessment* der Vereinten Nationen (VN) festgestellt, dass fast zwei Drittel der Ökosystemdienstleistungen für den Menschen weltweit abnehmen. Die VN unterstreichen, dass die Kosten möglicherweise von Menschen getragen werden, die sich sehr weit weg von denjenigen befinden, die die Vorteile genießen, wie im Falle der Krabben, die in Europa verzehrt und in einem südasiatischen Teich produziert werden, der anstelle eines Mangrovensumpfs angelegt wurde – wodurch ein natürliches Hindernis gegen das Meer geschwächt wird und die küstennahen Gemeinschaften bedroht werden.

Gesellschaftliche Verantwortung der Unternehmen

Die Idee hinter dem Konzept der gesellschaftlichen Verantwortung der Unternehmen (*Corporate Social Responsibility*), dem zufolge große Unternehmen verpflichtet sind, die Auswirkungen ihrer Aktivitäten auf die Umwelt, die Wirtschaft und die Gesellschaft in Betracht zu ziehen, ist nicht gerade neu. Wie Unternehmen ihre Mitarbeiter behandeln und welche Arten von Produkten sie ihren Kunden anbieten, ist seit Jahrhunderten ein Thema.

In ihrer zeitgenössischen Variante kann die gesellschaftliche Verantwortung der Unternehmen alles betreffen, von den Dienstleistungen bis zu Aktionären, Gemeinschaft, Governance, Diversity, Mitarbeiter, Umwelt und Menschenrechte. Ein wichtiger Bereich ist die Berichterstattung – Information von Öffentlichkeit und Aktionären darüber, was die Unternehmen tun, um ihre Rolle als gesellschaftlich engagierte Unternehmen zu erfüllen. Auf diese Weise können Großunternehmen auch ihre „guten Taten" im Rahmen ihrer Öffentlichkeitsarbeit bekannt geben. Unabhängige Organisationen erstellen ferner „Notenspiegel", um die Großunternehmen im Hinblick auf die verschiedenen Aspekte der gesellschaftlichen Verantwortung einzustufen.

Die Vorteile einer erhöhten gesellschaftlichen Verantwortung liegen auf der Hand, es kann dabei aber auch weniger eindeutige Aspekte geben. Die Macht der Großunternehmen kann im Zuge der Verantwortung ebenfalls zunehmen. Gesellschaftliche Verantwortung ermöglicht es Firmen, ihre guten Taten bekannt zu machen, kann jedoch nichtnachhaltige Verhaltensweisen in anderen Bereichen kaschieren, insbesondere im Fall von multinationalen Unternehmen mit komplexen Lieferketten und Zulieferern, die vielleicht die Anweisungen der Firma befolgen oder vielleicht auch nicht. Das Problem der gesellschaftlichen Verantwortung der Unternehmen, wie sie in den OECD-Leitsätzen für multinationale Unternehmen empfohlen wird, ist ihre Freiwilligkeit. In manchen Fällen sind Großunternehmen schon weiter fortgeschritten als die Regierungen, wenn es um Antworten auf den Klimawandel und andere Herausforderungen geht. Doch es kommt die Zeit, da Unternehmen von staatlicher Seite gezwungen werden, ihre ökologischen und sozialen Verpflichtungen sowohl im eigenen Land als auch im Ausland zu erfüllen, im Interesse der nachhaltigen Entwicklung.

www.oecd.org/daf/investment/cr.

Die derzeitigen Trends bei den globalen Produktions- und Verbrauchsmustern werden sich wohl kaum gravierend verändern, was bedeutet, dass die Externalitäten zunehmen werden. Güter verbilligen sich und werden in immer größeren Mengen um die Welt transportiert. Selbst ein einfacher Joghurtbecher kann über 3 000 km zurückgelegt haben, bis er auf dem Esstisch landet, und Beiträge aus mehreren Ländern können in seine Zutaten, seine Herstellung und seine Verpackung einfließen. Wir ersetzen Güter heute viel zügiger als früher. Wenige Leute nutzen noch den MP3-Player, den sie vor fünf Jahren gekauft haben, wohingegen ein altes Grammophon mehrere Jahrzehnte überdauert hätte. Anders als die Generation unserer Großeltern werfen wir alle möglichen Dinge weg, statt sie zu reparieren, ob dies nun Staubsauger oder Socken sind.

Die Technik kann vielleicht einige der negativen Folgen der Herstellung und des Verbrauchs für die Nachhaltigkeit reduzieren, wird jedoch dafür andere schaffen, und technologische Verbesserungen werden oft durch das Wachstum des Konsums überholt. So gehen Autos heute wesentlich effizienter mit dem Kraftstoff um als früher, dennoch nimmt die Luftverschmutzung zu, weil so viel mehr Menschen Auto fahren.

Während die marktbezogenen Transaktionen immer effizienter geworden sind und viele private Güter wie Nahrungsmittel, Autos, Klimaanlagen und Designermode heute im Prinzip jedem zur Verfügung stehen, der sie haben möchte, haben die zunehmenden Externalitäten dieser Transaktionen viele „öffentliche" Güter immer seltener werden lassen: saubere Luft, Stille, ein schönes Landschaftsbild und Artenvielfalt werden hoch geschätzt und nachgefragt. Fast jede Transaktion privater Güter beinhaltet unsichtbare Kosten, die wir alle durch die Schädigung der öffentlichen Güter mittragen müssen. Eine „Entkoppelung" zu erreichen zwischen anhaltendem Wirtschaftswachstum und Wohlstand einerseits und den negativen Externalitäten andererseits, die durch eine solche Entwicklung entstehen, ist deshalb eine vorrangige Herausforderung für die Gewährleistung einer „dauerhaften Entwicklung".

Was kostet billige Kleidung wirklich?

Die Herstellungs- und Verbrauchsweise von Produkten berührt nicht nur die Umwelt, sondern auch die Lebens- und Arbeitsbedingungen. Hier kann uns wiederum die Untersuchung eines Alltagsgegenstands verstehen helfen, worum es geht. Fred Pearce, der dienstälteste Umweltkorrespondent des *New Scientist*, hat sich aufgemacht, herauszufinden, wo die billige Jeanshose herkam, die er in London gekauft hatte. Seine Reportage führte ihn nach Dhaka, der Hauptstadt von Bangladesch, wo Hunderttausende Frauen für die großen Marken in Europa und Nordamerika Kleidung produzieren – für knapp unter einem Dollar für einen zehnstündigen Arbeitstag. In seinem Blog und dem Buch, das er daraufhin geschrieben hat, berichtet Pearce, dass die Unternehmen, die hinter diesen Marken stecken, angeben, sie würden auf menschenwürdige Arbeitsbedingungen achten. Die Frauen betonen jedoch, dass die Soziologen, die die regelmäßigen „sozialen Prüfungen" der Bedingungen in den Fabriken vornehmen, nicht die Wahrheit erfahren: Vor deren Besuch „sagen uns die Manager, was wir über die Arbeitsstunden und die Ferien sowie die Arbeitsbedingungen erzählen sollen".

> **Um Fortschritte bei der Nachhaltigkeit zu erzielen, bedarf es stärkerer Aufmerksamkeit für den Beitrag der Arbeitnehmer bei der Erreichung des dreifachen Endeffekts: Die Gewinne, den Menschen und den Planeten maximieren".**
>
> Roland Schneider, Gewerkschaftlicher Beratungsausschuss bei der OECD, *Measuring Sustainable Production.*

Hört sich das ungerecht an? Es mag erstaunlich klingen, dass keine einzige der Frauen, mit denen Pearce sich unterhalten hat, sich für den Boykott der von ihnen produzierten Waren aussprach. Er betont, dass sie die ersten Frauen im konservativen, ländlich geprägten Bangladesch sind, die überhaupt irgendwelche Freiheiten jenseits derer besitzen, die ihnen ihre Ehemänner in den Dörfern zugestehen. „Die Bekleidungsindustrie hat eine Revolution bei der wirtschaftlichen Selbstbestimmung der Frauen geschaffen", meint Mashuda Khatun Shefali, Leiterin einer NRO, die sich für die Frauen in der Bekleidungsindustrie einsetzt und versucht, ihre Arbeitsbedingungen zu verbessern. Eine andere Aktivistin, Nazma Akter, weist darauf hin, dass, so arm sie auch sein mögen, „die Frauen hier zu einer Wirtschaftskraft anwachsen. Das ist das erste Mal, dass sie Arbeit haben. Sie sind jetzt unabhängig. Sie können kommen und gehen; keiner hält sie auf. Nehmt ihnen das nicht weg."

Was diese Frauen sich von den Verbrauchern in den reichen Ländern wünschen, ist, dass sie einen fairen Preis für die von ihnen produzierten Waren bezahlen und nicht verlangen, dass die Frauen ihre Gesundheit und ihr Wohlergehen für eine marginale Verbesserung unseres Lebensstandards opfern. Der Status der Frauen, die Rechte der Arbeiter und ein gerechterer Handel gehören genauso zur nachhaltigen Entwicklung wie der Umweltschutz. Herstellung und Verbrauch nachhaltig zu gestalten, bedeutet, dass die wahren Kosten dessen, was wir produzieren und kaufen, entlang der gesamten Versorgungskette erkannt werden, von der Quelle bis zum Einzelhandelsvertrieb und zur Entsorgung.

Wie alles zusammenhängt

Was kann konkret getan werden, um nachhaltige Produktion und nachhaltigen Verbrauch zu fördern? Selbst recht kleine Aktionen können kumuliert eine große Wirkung entfalten. Die amerikanische

Umweltschutzbehörde *Environmental Protection Agency* hat festgestellt, dass wenn jeder Haushalt in Amerika auch nur eine Standardglüh- lampe durch eine Energiesparlampe ersetzen würde, in einem Jahr genug Energie gespart würde, um über drei Millionen Wohnhäuser zu erleuchten und Treibhausgasemissionen vergleichbar mit denen von 800 000 Autos vermieden würden.

Der Europäische Verband der Lampenhersteller (ELCFED) hat seiner- seits errechnet, dass der Kontinent 27 Kraftwerke weniger benötigen würde, wenn die Europäer zu den effizienteren Glühlampen übergehen würden. Dieser Verband hat eine Kampagne ins Leben gerufen, um die europäischen Verbraucher zu ermutigen, die energiesparende Glüh- lampe zu übernehmen. Australien, Japan und der Bundesstaat Kalifor- nien haben vor, die Standardglühlampe zu verbieten, da sie erkannt haben, dass der Staat eingreifen muss, um den Wechsel schneller herbei- zuführen und zu verfestigen. Die Europäische Kommission erwägt ebenfalls, die klassische Glühbirne aus dem Verkehr zu ziehen.

Die meisten erfolgreichen Bemühungen um eine Beeinflussung der Märkte beinhalten koordinierte Anstrengungen – wobei Produzenten, Verbraucher und Regierungen alle eine Rolle spielen. Allein die Kombi- nation dieser Anstrengungen ermöglicht es, alte Verhaltens- und Verfah- rensweisen in einem Maß zu verändern, das ausreicht, um die nachhalti- ge Entwicklung zur Regel und nicht zur Ausnahme werden zu lassen.

Unsere Anstrengungen koordinieren

Wie können die Hersteller Nachhaltigkeit in die Konzeption, die Produktion und den Vertrieb ihrer Produkte integrieren, ohne tradi- tionelle Faktoren wie Gewinnerzielung oder Markenimage zu opfern? Wir können nicht wirklich nachhaltige Verbraucher sein, wenn uns keine nachhaltigen Produkte angeboten werden.

Die Konzeption ist wohl die einflussreichste einzelne Etappe des Prozesses, da sie alle anderen beeinflusst. Zunächst muss bei der Konzeption das Produkt als Teil eines Produktsystems und des Lebensstils des Konsumenten betrachtet werden. Wenn ein Telefon auch mit einem Fotoapparat und einem MP3-Player ausgestattet ist, werden dann die Nutzer nur das Telefon kaufen, wodurch die ökolo- gischen und anderen Kosten der Herstellung dreier getrennter Produkte vermieden werden? Oder werden sie auch die anderen kaufen, und dadurch die Belastung erhöhen? Die Konzeption betrifft auch die Auswahl der Werkstoffe, aus denen das Produkt hergestellt wird. Kann das Produkt so entworfen werden, dass es seine erforderlichen physi- schen Eigenschaften behält und dabei weniger Material verwendet wird? Kann es aus erneuerbaren, wiederverwertbaren Stoffen hergestellt werden? Die Konzeption beeinflusst auch die Herstellung, indem sie die Anzahl der einzelnen Produktionsschritte festlegt.

Lesen Sie dies und sparen Sie über 500 Euro im Jahr!

Ein oft vorgebrachtes Argument gegen nachhaltige Entwicklung ist, dass sie zwar Vorteile haben mag, jedoch zu viel kostet und irgendwie unseren Lebensstandard reduzieren würde. Dabei kann genau das Gegenteil der Fall sein.

Mit energiesparenden Technologien können Sie Geld sparen, wenngleich diese Einsparungen eher langfristig eintreten und anfangs Investitionen erfordern, zum Beispiel in eine Wärmepumpe, bessere Fenster oder ein Hybridauto. Andererseits kann nichtnachhaltiger Konsum erstaunlich hohe Kosten mit sich bringen, obwohl wir uns dessen nicht immer bewusst sind. So werfen beispielsweise die Einwohner Großbritanniens etwa ein Drittel der Nahrungsmittel, die sie gekauft haben, in den Mülleimer. Das meiste davon (4,1 Mio. t pro Jahr) hätte man noch essen können. Der häufigste Grund für die Nahrungsmittelverschwendung ist, dass sie einfach nicht verzehrt werden – 61% der vermeidbaren Nahrungsmittelverschwendung oder 2,5 Mio. t. Davon wird 1 Mio. t gar nicht angerührt, und mindestens ein Zehntel – 340 000 Tonnen – hatte das Verfallsdatum noch nicht überschritten. Das Kochen und Zubereiten zu großer Mengen führt zu weiteren 1,6 Mio. t Nahrungsmittelverschwendung pro Jahr.

Es kostet die britischen Gemeinden 1 Mrd. Pfund (etwa 1,3 Mrd. Euro), den Großteil dieser vergeudeten Nahrungsmittel einzusammeln und auf Mülldeponien zu entsorgen. Die Verschwendung guter Nahrungsmittel zu stoppen, könnte jedes Jahr den Ausstoß von 18 Mio. t CO_2 verhindern, so viel, als würde man jedes fünfte Auto aus dem Verkehr ziehen.

Und was ist nun mit den mehr als 500 Euro, deren Einsparung wir Ihnen versprochen hatten? Nicht verzehrtes Essen kostet die Menschen in Großbritannien 10 Mrd. Pfund pro Jahr, das sind etwa 420 Pfund pro Haushalt, bzw. über 500 Euro, die Sie einsparen könnten, wenn Sie besser planen, lagern und verwalten würden.

Vgl. „The food waste" unter *www.wrap.org.uk.*

Spezifische Herstellungsfragen können beispielsweise die Möglichkeiten zur Minderung des Energieverbrauchs oder der Umweltverschmutzung oder zur Verbesserung des Arbeitsschutzes betreffen. Wenn das Produkt erst einmal hergestellt ist, welches ist dann der nachhaltigste Weg, um es für den Transport und den Verkauf zu verpacken? Sollte es per Luft, zur See oder zu Land, mit der Bahn oder per Lastwagen transportiert werden?

Um Nachhaltigkeitsmanagement mit einzubeziehen, müssen die Unternehmen mit anderen Organisationen und Gruppen zusammenarbeiten, die ein Interesse an den Aktivitäten dieses Unternehmens und deren wirtschaftlichen, sozialen und ökologischen Auswirkungen haben.

Rajesh Kumar Singh, Bhilai Steel, Indien, *Measuring Sustainable Production*

Konzeption und Herstellung tragen entscheidend dazu bei, festzulegen, wie lang ein Produkt halten wird, wie viele andere Produkte benötigt werden, damit es läuft (z.B. Batterien), und ob es repariert oder gewartet werden kann. Schließlich müssen die Produzenten darüber nachdenken, was am Ende seines Lebenszyklus mit dem Produkt geschehen wird. Auch hier kann eine gute Konzeption den Unterschied machen. Ist es z.B. einfach und sicher, das verwendete Material wiederzuverwerten? Können Teile des Produkts aufbereitet und erneut verwendet werden?

Hat der Kunde immer recht?

Denken Sie einmal an Ihren ersten großen Kauf – vielleicht Ihr erstes Fahrrad, Ihr erstes Auto. Denken Sie an alle Faktoren, die damals die Kaufentscheidung beeinflusst haben. Die Kosten gehörten wahrscheinlich dazu, aber auch die Farbe, die Beschaffenheit, die Marke und eine ganze Reihe ästhetischer und emotionaler Assoziationen, die uns dazu führen, einen Artikel auszuwählen und zu kaufen. Unternehmen geben sehr viel Geld für Marktforschung und Werbung aus (über 650 Mrd. US-$ pro Jahr weltweit nur für Marketing) in dem Bemühen, diese Assoziationen zu verstehen, damit sie den Geschmack und die Vorlieben der Menschen voraussehen und beeinflussen können.

Auf den ersten Blick scheinen der tiefgreifende Einfluss des Marketing und der Konsumdruck dem nachhaltigen Verbrauch zu widersprechen, denn schließlich hat der ungebremste Konsum einen großen Beitrag zur Entstehung vieler der Probleme geleistet, mit denen wir jetzt konfrontiert sind. Dennoch: Wenn wir nicht wissen, dass es ein weniger umweltschädliches Produkt zur Reinigung der Küchenspüle gibt, oder den Unterschied beim Energieverbrauch eines Geräts nicht kennen, dann können wir keine besseren Entscheidungen treffen. Wenn die Dimension der Nachhaltigkeit in Marketing und Vertrieb einbezogen wird, erlaubt uns dies, unsere Kaufentscheidungen um ein zusätzliches, sehr wichtiges Kriterium zu erweitern. Dadurch werden Verbraucher informiert, und natürlich können sie auf diese Weise in eine „nachhaltige" Richtung beeinflusst werden.

Die Erfahrung der vergangenen Jahrzehnte zeigt, dass es nicht genügt, den Nischenmarkt der „grünen" oder „fair handelnden" Verbraucher mit nachhaltigen Produkten zu versorgen, um in größerem Maßstab die Muster zu verändern, wenngleich dies in erheblichem Maß dazu beigetragen hat, sowohl die Hersteller als auch die Verbraucher in eine neue Richtung zu manövrieren. Die rasche Vermehrung der Öko- und Fair-Trade-Marken in den letzten zehn Jahren zeugt von dieser Entwicklung. Lange Zeit haben Bio- und fair gehandelte Erzeugnisse unter ihrem Ruf als „Sonderprodukte" gelitten, die nur für eine kleine Gruppe von Verbrauchern interessant waren, die bereit sind, mehr zu bezahlen, um ihren Überzeugungen gemäß einzukaufen. Aus verschiedenen Gründen hat dieser Trend jedoch begonnen, sich zu verändern.

Erstens sind sich nun mehr Menschen der Auswirkungen bewusst, die ihre Entscheidungen auf die sie umgebende Welt haben. Probleme im Zusammenhang mit nicht nachhaltigem Konsum – der Benzinpreis z.B. – sind „realer" geworden und berühren mittlerweile den durchschnittlichen Verbraucher auf konkretere Art. Deswegen stellen jetzt immer mehr Verbraucher wichtige Fragen über das, was sie kaufen: Wie viel Abfall entsteht durch das Produkt und seine Verpackung? Wie viel Wasser, Energie und andere Ressourcen fließen in seine Produktion (und seine Entsorgung) ein? Wie gestalten sich die Lebens- und Arbeitsbedingungen der Menschen, die diese Güter produzieren?

Fairer Handel

Im Jahr 2008 gab die OECD-Mitarbeiterkantine bekannt, dass von nun an all ihre Heißgetränke ausschließlich aus dem fairen Handel stammen würden. Die für fairen Handel zuständigen Organisationen (*Fairtrade Labelling Organisations* – FLO) versuchen, Nachhaltigkeit durch Handel zu erreichen, indem Kleinbauern und Arbeiter in armen Ländern für ihre Waren einen „zum Leben ausreichenden Lohn" erhalten. Die Frage ist, weshalb Verbraucher – und nicht Regierungen oder Großunternehmen – die *Fairtrade*-Bewegung vorantreiben. Verbraucher verlangen, dass importierte Waren auf ökologisch und sozial nachhaltige Weise produziert werden.

Das *Fairtrade*-Netzwerk erreicht inzwischen 58 Entwicklungsländer und 1,4 Millionen Landwirte, denen ein Mindestpreis, ein langfristiger Vertrag und Prämien garantiert werden, die in Projekte zur Entwicklung der Gemeinschaft gesteckt werden. Die Produktion muss gewissen sozialen (arbeitsrechtlichen) und ökologischen Normen genügen. In manchen europäischen Ländern bedient der faire Handel inzwischen 20% des Kaffeemarkts und über 50% des Bananenverkaufs. Laut seinen Gründern „geht es beim fairen Handel nicht nur um sozial- und umweltverträgliche Produktionsmethoden, sondern um die Befähigung zu einem selbstbestimmten Leben und die Entwicklung der Produzenten".

Zweitens haben sich die Produkte selbst inzwischen mehr etabliert. Eine ganze Reihe von Unternehmen nutzt die Instrumente des Marketing, um Produkten und Dienstleistungen, die als nachhaltig gelten, eine coole oder attraktive Identität zu verleihen. Hersteller erfinden mehr Produkte, die durch ihre ästhetischen Qualitäten oder ihre Benutzerfreundlichkeit *sowie* ihre ökologische und soziale Nachhaltigkeit attraktiv sind – ein Blick auf die neuesten benzinsparenden Automodelle ist hierfür ein gutes Beispiel. Die meisten Supermarktketten bieten inzwischen eine Reihe von zertifizierten „umweltfreundlichen" Produkten an, deren Marktanteile wachsen: Die Importe von Biokaffee nach Nordamerika sind so z.B. im Zeitraum 2006-2007 um 29% gestiegen, gegenüber 2% Anstieg bei den anderen Kaffeesorten.

Die Veränderungen im Bewusstsein der Verbraucher und die Vermehrung nachhaltigerer Produkte und Dienstleistungen, die in den letzten Jahren stattgefunden haben, sind ermutigend. Manche Kritiker und Verbraucherverbände weisen zu Recht darauf hin, dass ein Teil davon nur „Augenwischerei" oder „Grünmalerei" sei. Produkte, die laut Etikett umweltfreundlich sein sollen, sehen oft ganz anders aus, sobald man die Zutatenliste genau studiert oder den kompletten Lebenszyklus des Produkts untersucht. Fair gehandelten Kaffee zu kaufen genügt nicht, um das Armutsproblem zu lösen. Das mag zwar sein, ändert jedoch nichts daran, dass nachhaltiger Konsum und nachhaltige Herstellung für den Erfolg jeder nachhaltigen Entwicklung entscheidend sind. Die Tatsache, dass mehr Menschen und Unternehmen diese Erkenntnis teilen und sogar daraus Kapital schlagen wollen, zeugt von dem wachsenden Öffentlichkeitsinteresse an der Nachhaltigkeit. Anstrengungen zur nachhaltigen Gestaltung der Verbrauchergesellschaft gewinnen an Auftrieb.

Was unternimmt der Staat?

Die richtigen Politikinstrumente zu finden, um gute Herstellungs- und Verbrauchspraktiken zu födern sowie Überschneidungen und Inkonsistenz zu vermeiden, ist eine der größten Herausforderungen, denen sich die Regierungen stellen müssen. Gewählte Entscheidungsträger stehen unter dem Druck ihrer Wähler und spezieller Interessengruppen, um auf Fragen zu antworten, die als wichtig angesehen werden, und eine bestimmte Handlungslinie zu verfolgen. So müssen Entscheidungen z.b. auf gründlicher Untersuchung und soliden Belegen fußen, da sonst die Gefahr besteht, dass sie die Probleme nicht lösen und oft sogar neue schaffen. Regierungen besitzen jedoch den enormen Vorteil, Gesetze erlassen und Regulierungen durchsetzen zu können. Eine der Lösungen, die ihnen zur Verfügung stehen, ist es, Produkte und Verhaltensweisen, die mehr Schaden als Nutzen zu stiften scheinen, einfach verbieten zu können. Dies geschah im Fall der FCKW (Gase, die in Kühlschränken und Sprühdosen verwendet wurden), die der Ozonschicht schadeten. Das Montreal-Protokoll über Stoffe, die zum Abbau der Ozonschicht führen, ist 1989 in Kraft getreten, 191 Länder haben es bisher unterschrieben. Seither haben sich die atmosphärischen Konzentrationen der wichtigsten FCKW und anderer verwandter Gase entweder stabilisiert oder abgenommen. Plastiktüten sind ein weiteres Beispiel. Bangladesch hat sie 2002 verboten, in Folge einer Bewegung, die in den 1980er Jahren in Dhaka begonnen hatte. Weggeworfene Tüten blockierten während des Monsuns die Abflüsse, wodurch Überschwemmungen entstanden.

Kritiker solcher Pläne verweisen darauf, dass Verpackungen eine viel größere Abfallquelle darstellen als Plastiktüten. Einzelhändler sollten ihre Einkaufsmacht dazu nutzen, die Verpackungsentscheidungen ihrer Lieferanten zu beeinflussen, und Staaten sollten ihre Regulierungsmacht anwenden, statt die Verantwortung für die Abfallreduzierung allein an die Verbraucher weiterzureichen. Solche Argumente hört man oft bei Debatten über nachhaltige Entwicklung: Wer ist der Hauptverantwortliche für die Veränderung schlechter Angewohnheiten? Worauf sollten wir am Besten unsere Anstrengungen konzentrieren? Man könnte im oben genannten Fall entgegnen: „Warum tun wir es nicht einfach alle?" Verbraucher kann man ermuntern, die überflüssige Nutzung von Plastiktüten zu reduzieren, indem diese kostenpflichtig werden, eine Maßnahme, die durchgängig gute Resultate ergeben hat. Gleichzeitig kann man Einzelhändler auffordern, ihren Einfluss geltend zu machen, um Verpackungsmaterial zu reduzieren und andere Maßnahmen durchzusetzen, die Ressourcenverbrauch und Abfall eindämmen. Es könnten außerdem staatliche Normen für nachhaltige und wiederverwertbare Verpackungen eingeführt werden. Die Gemeinde Modbury in England zeigt, was möglich ist. Dieses Städtchen ist das erste in Europa, das Plastiktüten komplett verboten hat, nachdem die Ladenbesitzer sich der Bewegung angeschlossen haben, die aus einer von Rebecca Hosking eines Abends im Pub ins Leben gerufenen mehrwöchigen Aktion entstanden war. Wie sie es der Tageszeitung *The Guardian* erklärte, ist Modbury ein Städtchen, „das schon immer sehr konservativ war. Wenn wir es geschafft haben, dann beweist das, dass man keine dieser ‚grünen' Städte sein muss, um sich zu ändern."

Tatsache ist, dass wir oft sehen, was helfen würde, und es dennoch auf einem ganz anderen Blatt steht, die Verhältnisse tatsächlich zu verändern. Die ehemalige britische Umweltministerin Margaret Beckett betont, dass *„viele nichtnachhaltige Verhaltensweisen tief verankert und zum „Normalfall" gemacht worden sind, und zwar nicht nur durch unsere Art, zu produzieren und zu verbrauchen, sondern wegen des Fehlens einfacher Alternativen"*. Solche Alternativen zu schaffen, ist mithin vorrangig, und die Macht der Staatsintervention kann dabei nur helfen. Die Europäische Union hat ein Pilotprojekt namens Integrierte Produktpolitik gestartet, an dem Mobiltelefonhersteller, Erzeuger von Bauteilen, Telekom-Betreiber, Verbrauchergruppen, Abfallentsorger, NRO, Regierungsvertreter und Forscher beteiligt sind. Mehrere Staaten unternehmen derzeit Anstrengungen, um Wiederverwertung durch Initiativen wie Frankreichs „éco-participation" zu fördern, ein Aufpreis von 0,52 Euro pro Kilo auf Elektronikwaren, der dazu dient, die Recyclingkosten mitzutragen.

Das FCKW-Beispiel zeigt, dass es oft nicht der effizienteste Weg ist, Produzenten und Konsumenten von einer Verhaltensänderung zu überzeugen, und dies auch nicht genügt, um eine ausreichend große Veränderung mit ausreichender Breitenwirkung zu erreichen. Der einzelne Hersteller oder Verbraucher hat meistens wenig Macht oder Interesse daran, die Situation zu verändern. Ein Hersteller, der beschließt, auf eigene Faust strengere Umweltnormen oder viel bessere Lohn- und Arbeitsbedingungen als seine Konkurrenten einzuführen, würde erhebliche Wettbewerbsnachteile haben. Es fällt den Menschen schwer, ihren Verbrauch zu reduzieren, selbst bei Produkten, von denen sie genau wissen, dass sie ihrer Gesundheit schaden, oder Verhaltensweisen anzunehmen, die gesundheitsfördernd wären. Das Bewusstsein zum Thema Nachhaltigkeit verbessert sich zwar, dennoch ist es nicht die beste Politik, auf eine Veränderung der Verhaltensweisen zu warten.

Machtvolle Argumente

Regierungen verfügen über machtvolle Argumente, um zu überzeugen: Regulierung und Steuern. Diese werden seit langem im Bereich der Wirtschafts- und Sozialpolitik angewandt. Können sie auch im Fall der nachhaltigen Entwicklung funktionieren? Die Antwort lautet: Ja. Die Regierungen haben es ursprünglich mit Überzeugungs- und Kommunikationskampagnen versucht, Verbraucher zu ermutigen, zu Hause weniger Energie zu verbrauchen. Sie haben mit den Herstellern zusammengearbeitet, um Geräte zu kennzeichnen und so deren relativen Energiekonsum deutlich zu machen. Letztlich haben sie Mindestwerte für die Energieeffizienz eingeführt, wodurch die Unternehmen gezwungen wurden, ihre Modelle zu verändern. Verbraucher können zwar einen gewissen Einfluss ausüben, doch die Regulierung von Verfahren und Produkten ist der schnellste Weg zu nachhaltiger Produktion.

Die Erfahrung zeigt außerdem, dass umweltbezogene Steuern („grüne" oder „Ökosteuern") und Emissionshandel wirksame Instrumente sein können. Sie können Schadstoffverursacher (ob Produzenten oder Verbraucher) dazu zwingen, die Verschmutzungskosten mit einzubeziehen, und dazu beitragen, die Nachfrage nach schädlichen Produkten zu mindern. Die 2002 in Irland eingeführte „Plastax" hat zu einer 90%igen Reduzierung der Verwendung von Plastiktüten geführt.

1990 leisteten die Vereinigten Staaten mit dem Luftreinheitsgesetz *Clean Air Act* Pionierarbeit im Bereich des Emissionshandels. Darin war die Vorgabe einer deutlichen Minderung von Schwefeldioxid (SO_2) und Stickoxiden bis 2010 enthalten. Jeder Schadstoffverursacher erhielt das „Recht", eine bestimmte Menge an SO_2 auszustoßen. Wenn es ihm gelang, weniger zu emittieren, konnte er seine Verschmutzungsrechte entweder behalten oder verkaufen; wenn er mehr ausstieß, musste er von einem anderen Verursacher Quoten kaufen (oder eine Strafe zahlen, die teurer war als die Quote). Indem sie die Anzahl der erteilten Quoten kontrolliert, hat die *Environmental Protection Agency* die Emissionen bereits um 50% reduzieren können. Seither haben andere Länder ebenfalls Emissionshandelsprogramme eingeführt.

Alle OECD-Länder wenden inzwischen mehrere umweltbezogene Steuern an (insgesamt 375, zuzüglich ungefähr 250 umweltbezogene Abgaben und Gebühren). Diese Steuern haben ein Aufkommen von ca. 2-2,5% des BIP, wobei 90% dieser Einnahmen von Steuern auf Kraftfahrzeugtreibstoffe und Kraftfahrzeuge stammt.

Die ökologische Wirksamkeit und wirtschaftliche Effizienz von Ökosteuern könnte verbessert werden, wenn bestehende Ausnahmen und andere Sonderfälle zurückgefahren würden oder die Gebühren abschreckend hoch angesetzt würden. Der Anstieg der Kraftstoffpreise zeigt, dass Kosten ein wichtiger Faktor bei der Veränderung von Verhaltensweisen darstellen können, doch ist das Niveau der Kohlendioxidsteuern meistens zu niedrig, als dass es sich für die Hersteller lohnen würde, ihre Produktionsmethoden zu verändern. Des Weiteren kann es aus zwei Gründen politischen Widerstand gegen höhere Steuern geben. Dies ist erstens die Furcht vor Einbußen bei der internationalen Wettbewerbsfähigkeit in den umweltbelastendsten Wirtschaftsbereichen. Deshalb werden die Steuern meistens fast ausschließlich den Haushalten und dem Verkehrssektor auferlegt, wodurch die energieintensiven Industrien ganz oder fast gänzlich ausgenommen werden. Zweitens führen Ausnahmen zu Ineffizienzen bei der Bekämpfung der Umweltverschmutzung und widersprechen dem von der OECD vertretenen Verursacherprinzip.

Ebenfalls zu berücksichtigen ist, dass umweltbezogene Steuern in der Praxis selten völlig isoliert eingesetzt werden. Zum Beispiel kann ein Etikettierungssystem dazu beitragen, die Wirksamkeit einer Steuer zu verstärken, indem die Nutzer besser informiert werden. Die Verbindung einer Steuer auf den Energieverbrauch mit Zuschüssen oder staatlichen Normen für eine bessere Gebäudeisolierung kann eine gute Lösung sein, um Energieeinsparungen zu fördern. Die Kombination einer Steuer mit einem auf Freiwilligkeit beruhenden Ansatz kann die politische Akzeptanz der Steuer erhöhen, wenngleich dies u.U. die ökologische Wirksamkeit mindert oder die wirtschaftliche Last für andere Gruppen erhöht.

Wie geht es weiter?

Genau zu sehen, zu berechnen und zu verstehen, was wir kaufen, nutzen und entsorgen, ist nur der Anfang. Es ist ein wichtiger erster Schritt, um Bewusstsein zu schaffen, es wäre jedoch bedauerlich und ineffektiv, wenn Instrumente wie der Fußabdruck nur als „Spielerei" betrachtet würden. Sich darüber klar zu werden, dass es X Mengen an Wasser oder Erdöl bedarf, um einen bestimmten Gegenstand herzustellen, hat uns zu mindestens zwei Fragen geführt:

➤ Wie könnten wir effizientere Verfahren entwickeln, die in großem Maßstab angewandt werden, um die Ressourcennutzung und die negativen Auswirkungen der Produktion deutlich zu reduzieren?

➤ Wie sollten wir die Rolle der „informierten Verbraucher" nutzen, um in einem solchen Umfang nachhaltige Konsumentscheidungen zu treffen, dass echte Ergebnisse erzielt werden?

Wie bereits am Anfang dieses Kapitels erwähnt wurde, stehen Herstellung und Verbrauch im Brennpunkt der Nachhaltigkeit. Von einem materiellen Gesichtspunkt aus ist das heutige Leben für die meisten Menschen viel besser als noch vor hundert Jahren. Wenn die Verbesserung fortschreiten und auf die gesamte Weltbevölkerung ausgedehnt werden soll, dann gilt es, die wirtschaftliche, die soziale und die ökologische Säule der Nachhaltigkeit miteinander in Einklang zu bringen. Das ist kein leichtes Unterfangen. Manchmal kann etwas, das für eine Säule gut ist, für eine andere schlecht sein. Unterschiedliche soziale Gruppierungen werden verschiedene Prioritäten und Projekte verfolgen. Eine Debatte über diese Unterschiede zu führen und Lösungen zu finden, liegt jedoch nicht jenseits unserer Möglichkeiten, sondern ist genau das, was die Demokratie zu leisten imstande ist. Dies wird im letzten Kapitel untersucht, in dem es darum geht, wie Staat, Zivilgesellschaft und Wirtschaft zusammenarbeiten könnten, um die Anreize, Regeln und Regulierungen zu schaffen, die nachhaltige Entwicklung möglich machen.

Weitere Informationen

OECD

Im Internet

Allgemeine einführende Informationen über die Arbeit der OECD im Bereich Nachhaltigkeit von Produktion und Verbrauch finden sich unter: *www.oecd.org/sustainabledevelopment* und *www.oecd.org/env/cpe*.

Veröffentlichungen

Measuring Sustainable Production (2008):
Die meisten Menschen befürworten nachhaltige Entwicklung ohne zu wissen, was das eigentlich ist. Was bedeutet „nachhaltige Produktion und nachhaltiger Verbrauch" genau, und wie identifiziert man diese Praktiken? Dieses Buch bietet einen Überblick über die besten Messungen nachhaltiger Produktionsprozesse in der Industrie. Es beschreibt die verschiedenen Messinstrumente, die von Unternehmen, Gewerkschaften, Forschern und NRO sowie von der OECD und der Internationalen Energie-Agentur entwickelt wurden.

The Political Economy of Environmentally Related Taxes (2006):
Umweltbezogene Steuern werden in OECD-Ländern immer häufiger angewendet, und es gibt eine steigende Vielzahl von Belegen für ihre Wirksamkeit. Sie könnten jedoch weitaus öfter genutzt werden, vorausgesetzt dass sie gut durchdacht sind und ihren potenziellen Auswirkungen auf internationale Wettbewerbsfähigkeit und Einkommensverteilung in geeigneter Form begegnet wird. Auf Grund der Erfahrungen aus OECD-Ländern bietet dieses Werk einen umfassenden Überblick über die anstehenden Fragen und die Forschungsarbeiten zu den ökologischen und wirtschaftlichen Folgen der Anwendung umweltbezogener Steuern.

OECD-Leitsätze für multinationale Unternehmen, Neufassung 2000.
Diese Leitsätze wurden im Juni 2000 von den OECD-Ländern plus Argentinien, Brasilien und Chile angenommen. Diese Veröffentlichung enthält den überarbeiteten Text mit Kommentaren, den Umsetzungsvorschriften und der *Erklärung über internationale Investitionen und multinationale Unternehmen.*

Sonstige Dokumente

Promoting Sustainable Consumption: Good Practices in OECD Countries (2008):
Dieser Bericht stellt Initiativen von Regierungen in OECD-Ländern vor, die der Förderung des nachhaltigen Verbrauchs dienen, unter Betonung der individuellen Politikinstrumente und deren effektiver Kombinierung.
www.oecd.org/sustainabledevelopment

Andere Quellen

UN Millennium Ecosystem Assessment *(www.millenniumassessment.org):*
Dieser Bericht untersucht die Folgen der Veränderungen des Ökosystems für das menschliche Wohlergehen. Er liefert eine wissenschaftliche Einschätzung des Zustands und der Trends in den Ökosystemen der Welt sowie die Basis für Handlungen zu deren Schutz und nachhaltiger Nutzung.

Toxic Tech: Not in Our Backyard, Greenpeace 2008:
(*www.greenpeace.org*): Dieser Bericht ist dem weltweiten Handel mit elektrischen und elektronischen Produkten gewidmet; er untersucht, wie viel Abfall er generiert.

The Water Footprint
(*www.waterfootprint.org*): Diese Website über den „Wasser-Fußabdruck" wird von der Universität Twente in Zusammenarbeit mit dem UNESCO-IHE Institute for Water Education, Niederlande, unterhalten.

The Food we Waste (*www.wrap.org.uk*):
Das *Waste & Resources Action Programme* bemüht sich darum, den Abfall in Großbritannien zu reduzieren und sich für so viel Recycling wie möglich zu minimalen Nettokosten einzusetzen.

6

Um heutige und künftige Bedürfnisse stillen zu können, müssen wir wissen, was wir besitzen, was wir verbrauchen, was zurückbleiben wird und was regeneriert oder ersetzt werden kann. Genaue Messungen und Buchführung über unser natürliches, soziales und wirtschaftliches Kapital sind wesentlich, um auf einem nachhaltigen Weg voranzuschreiten.

Die Messung der Nachhaltigkeit

Zur Einleitung ...

Auf den vorhergehenden Seiten wurde untersucht, was nachhaltige Entwicklung bedeutet und wie gegenwärtige Gesellschaften versuchen, sie umzusetzen. Wie können wir jedoch wissen, ob unsere Handlungen hilfreich oder schädlich sind oder ob sie überhaupt keine Auswirkungen haben? Wie können wir erfahren, ob eine bestimmte Art, Dinge zu tun oder herzustellen, nachhaltiger ist als eine andere? Ob eine Stadt, eine Region, ein Land in Bezug auf nachhaltige Entwicklung gute Ergebnisse erzielt? Wie können wir die heutigen Bedürfnisse errechnen und unsere Fortschritte zu deren Befriedigung messen? Und wie können wir uns eine Vorstellung davon machen, welche Auswirkungen unsere Entscheidungen auf unsere eigene Zukunft und die unserer Kinder haben werden? Um all diese Fragen zu beantworten, müssen wir zunächst ein paar grundlegende Entscheidungen treffen. Was ist uns wichtig? Welche Ressourcen müssen wir beobachten? Welche unterschiedlichen Faktoren tragen zu unserer Lebensqualität und unserem Wohlergehen bei?

Tagtäglich müssen wir solche Rechnungen aufstellen. Wir wissen, wie viel Geld uns zur Verfügung steht, wie viel wir brauchen, um Essen zu kaufen und Rechnungen zu bezahlen. Wir wissen, wenn auch nicht genau, welche Ausgaben später auf uns zukommen und dass es wahrscheinlich noch ein paar unvorhergesehene geben wird. Wir wissen, was wir gerne unternehmen würden, und wenn etwas übrig bleibt, dann können wir davon Essen und ins Kino gehen, Kleidung kaufen oder vielleicht sogar in Urlaub fahren. Für all dies müssen wir rechnen, planen und realistisch abschätzen. Es fußt auf der Messung unserer „Ressourcen" und der Verfolgung ihrer Entwicklung sowie der Erstellung von Prioritätenlisten zur Ordnung unserer Aufgaben und unserer Wünsche, was manchmal schwierige Entscheidungen erfordern wird. Anders formuliert besitzen wir alle ein Informationssystem (und sei es noch so informell), um feststellen zu können, wo wir gerade stehen, vorauszusehen, welche Möglichkeiten uns in Zukunft offenstehen werden, und zu überprüfen, ob wir vielleicht über unsere Verhältnisse leben.

Was macht eine gute und nachhaltige Gesellschaft aus, und wie können wir unsere Fortschritte auf dem Weg dorthin einschätzen? Sicherlich spielt nicht nur Geld eine Rolle. Die Antwort besteht aus einer ganzen Reihe von Faktoren, die deutlich, oft wesentlich, zu unserem „Erfolg" beitragen; dabei geht es um Zugang zu Bildung, Gesundheitsversorgung und funktionierenden Ökosystemen, aber auch um Freiheit, Gerechtigkeit und kulturelle Ausdrucksmöglichkeiten. Die Entwicklung und Verfeinerung präziser Messgrößen für diese Faktoren wird es uns ermöglichen, eine genauere und solidere Wissensgrundlage aufzubauen und möglicherweise die Fortschritte zur Erreichung dieser Werte zu beschleunigen.

Welche Probleme können wir uns nicht leisten zu ignorieren? Wie die im ersten Kapitel erwähnten Bewohner von Rapa Nui hängen wir von Systemen ab, die durch von der Natur und vom Menschen ausgeübten Druck gefährdet und durch ein komplexes Netzwerk von Interaktionen miteinander verbunden sind. Wenn wir die Fakten ignorieren, die für unseren Fortschritt, unser Wohlergehen und unser Überleben von kritischer Bedeutung sind, riskieren auch wir, mit unerwünschten Veränderungen konfrontiert zu werden, die sich als unumkehrbar herausstellen könnten. Es wird weiterhin darüber diskutiert, welches der beste Weg ist, nachhaltige Entwicklung zu messen, um präziser bilanzieren zu können, ob unsere Politiken und Praktiken langfristig unseren Wohlstand garantieren.

▶ In diesem Kapitel wird untersucht, welche Instrumente und Kriterien zur Messung von Nachhaltigkeit im Einzelnen verwendet und wie diese kombiniert werden, um Informationen zu den Fragen, Trends und Interaktionen zu liefern, die bestimmen, inwiefern eine bestimmte Situation unseren Erwartungen entspricht, und was getan werden kann, um sie zu verbessern. Es wird sondiert, welche Indikatoren genutzt werden können, um nachhaltige Entwicklung zu messen, und wie sie kombiniert und präsentiert werden sollten.

Nachhaltigkeit messen: Was sollten wir zählen und wann?

Sich über die besten Indikatoren zur Messung der Nachhaltigkeit oder der Fortschritte in Richtung nachhaltige Entwicklung zu einigen, stellt eine Herausforderung dar. Ein Indikator ist eine summarische Messgröße, die Informationen darüber liefert, in welchem Zustand sich ein System befindet oder wie es sich verändert. Indikatoren liefern eine Momentaufnahme unserer Situation zu einem bestimmten Zeitpunkt in Bezug darauf, was uns jeweils wichtig erscheint. Indikatoren geben uns auch Aufschluss über die Auswirkungen unserer Handlungen und staatlicher Maßnahmen. Des Weiteren müssen Indikatoren sich den wechselnden Bedingungen und dem Inhalt der Politiken anpassen können.

Auf den ersten Blick scheint es unmöglich, nachhaltige Entwicklung zu messen, da dieses Thema so umfassend ist und es eine solche Vielzahl von Einflüssen gibt – Klimaänderung und Kinderbetreuung, Wirtschaftsethik, Regierungspolitik und Konsumtrends, um nur wenige Beispiele zu nennen. Wir wissen, dass es bei der nachhaltigen Entwicklung um wirtschaftliche, soziale und ökologische Variablen geht – und diese müssen alle bis zu einem gewissen Grad gemessen werden. Wie in der jährlichen Veröffentlichung *Die OECD in Zahlen und Fakten* gezeigt wird, gibt es zahlreiche Indikatoren, von traditionellen makroökonomischen Messgrößen, wie dem Bruttonationaleinkommen (BNE) und der Produktivität, bis zu ökologischen Indikatoren, wie Wasserverbrauch und schädliche Emissionen, und sozialen Statistiken, wie Lebenserwartung und Bildungsniveau. Doch welche Indikatoren sind für die nachhaltige Entwicklung am wichtigsten?

Das Problem wird dadurch noch verschärft, dass nachhaltige Entwicklung nicht nur multidimensional, sondern auch ein dynamisches Konzept ist. Um sie zu quantifizieren, müssen verschiedene Parameter unter einen Hut gebracht werden, darunter die Zeithorizonte. Wirtschaftliche, soziale und ökologische Phänomene kommen in unterschiedlichen Rhythmen zum Tragen (ja selbst innerhalb dieser Kategorien können mehrere Zeitskalen gleichzeitig agieren). So sind zum Beispiel die Rechtssysteme der meisten Länder noch immer stark von Kodizes beeinflusst, die auf Kaiser Augustus und das Römische Reich zurückgehen, und ihre grundlegenden Prinzipien ändern sich nur langsam. Manche Technologien entwickeln sich hingegen so schnell, dass Ihr brandneuer Computer wahrscheinlich schon nicht mehr auf dem neuesten Stand sein wird, wenn Sie ihn daheim auspacken.

Nehmen wir die Wirtschaft: Wenn man ein großes Energieprojekt plant, muss man mindestens 50 Jahre in die Zukunft denken, wenn man hingegen an den Finanzmärkten handelt, dann können die Nanosekunden, die die Preisinformationen benötigen, um von einer Börse zur nächsten zu gelangen, substanzielle Gewinne oder Verluste bedeuten. Die Umwelt zeigt ihrerseits, wie sich das Tempo der Veränderung plötzlich beschleunigen kann, im Fall von Fischbeständen zum Beispiel, die schnell aussterben, nachdem sie jahrelang langsam zurückgegangen sind.

Außerdem dürfen wir nicht vergessen, dass nachhaltige Entwicklung ein Prozess ist, der die Geschehnisse aus der Vergangenheit mit unserem derzeitigen Verhalten in Verbindung bringt, welches wiederum die Optionen und Ergebnisse der Zukunft beeinflusst. In gewisser Weise ist es, als wenn man einen Weg rückwärts gehen würde – man kann sehen, wo man herkommt, man kann mehr oder weniger sehen, wo man gerade ist, und man kann sich in etwa vorstellen, wo man hingeht. Man weiß jedoch nicht, ob die anderen Pfade, die an Weggabelungen abzweigen, in Sackgassen führen, Abkürzungen darstellen oder letztlich eine ganz andere Richtung einschlagen. Ebenso ist es schwierig, wenn nicht gar unmöglich, zu sagen, ob ein bestimmter Punkt des Entwicklungspfads nachhaltig ist, er kann es mehr oder weniger sein, je nachdem wie weit wir gekommen sind, was als nächstes geschieht, welche neuen Perspektiven sich eröffnen und wie Verhaltensweisen und andere Einflüsse sich verändern.

Diese Ungewissheiten gestalten die Messung der nachhaltigen Entwicklung kompliziert. Messgrößen zu entwickeln, ist außerdem keine reine Statistik- oder Technikaufgabe. Es werden dabei zwei für alle

Gesellschaften sehr sensible Bereiche berührt: die Rechenschafts-
pflicht der Regierung und die gesellschaftliche Teilhabe. Fortschritte
bei der nachhaltigen Entwicklung (oder in jedem beliebigen anderen
wichtigen Politikbereich) mit verlässlichen Informationen zu messen,
ist ein Schlüsselelement des demokratischen Prozesses. Die Rechen-
schaftspflicht der Regierungen wird dadurch erhöht, und die Bürger
erhalten ein Instrument, um aktiver an der Definition und der Beurteilung von Politikzielen teilhaben zu können.

Fortschritt messen

Indem wir Fortschritt messen, fördern wir den Fortschritt.

Enrico Giovannini, Leiter der Direktion Statistik, OECD

Fortschritt ist lange Zeit rein ökonomisch definiert und gemessen
worden. Die Gesamtleistung oder das Wohlergehen eines Landes wird
oft anhand einer „Superstar-Messgröße" verkürzt dargestellt: das
Bruttoinlandsprodukt. Mit dem BIP wird in monetärer Hinsicht der
Wert dessen berechnet, was als Produktion zählt. Vielleicht ist Ihnen
auch das Pro-Kopf-BIP ein Begriff, also wie viel jeder Mensch im Land
besäße, wenn jeder einen gleichen Anteil am BIP erhielte. Diese Messungen mögen sich recht einfach anhören, sie klammern jedoch wichtige
Faktoren aus und beinhalten dafür andere, auf die wir wahrscheinlich
lieber verzichten würden.

So geht zum Beispiel verkaufte Software in die Kalkulation ein,
kostenlose Software hingegen nicht. Andererseits werden Ausgaben
für Aufräumarbeiten nach einer Ölpest in das BIP eingerechnet. In
diesem Fall wird der „Produktion" nicht nur ein Negativbeitrag hin-
zugerechnet, es bleiben vielmehr auch erhebliche Kosten für das
Wohlergehen unberücksichtigt und unsichtbar. Hausarbeit, Betreuung
der eigenen Kinder und gemeinnützige Dienste werden nicht mit-
gezählt, obwohl sie wertsteigernd für die Wirtschaft und unseren
Alltag sind. Das Pro-Kopf-BIP ist ebenfalls ein recht grober Wert. Da es
sich um einen Durchschnitt handelt, werden Verteilungsfragen nicht
berücksichtigt. Die Erträge der wirtschaftlichen Produktion fließen
u.U. überproportional nur einem kleinen Prozentsatz der Bevölkerung
zu, obwohl der Durchschnitt recht gut aussieht.

Solche Indikatoren sind nützlich, um eine grobe Vorstellung davon
zu erhalten, wie es um die Wirtschaft bestellt ist, und um nationale
Leistungen zu vergleichen. Es gibt jedoch eine große und wachsende
Diskrepanz zwischen dem, was amtliche Statistiken wie das BIP über
„Fortschritt" aussagen, und dem, welche persönlichen Erfahrungen
die Bürger machen und was sie in ihrem Alltagsleben beschäftigt,
wenn es um ihre Kaufkraft, öffentliche Versorgungsleistungen, Lebensqualität usw. geht. Die Vorstellung, dass die drei Säulen der nachhaltigen
Entwicklung gleichwertig, miteinander verbunden und interdependent

sind, spiegelt die Erkenntnis wider, dass wirtschaftlicher Fortschritt allein nicht ausreicht, um zu garantieren, dass eine Gesellschaft „auf dem richtigen Kurs ist". Andere Faktoren, wie der Zugang zu guter Gesundheitsversorgung und Bildung, können langfristig sowohl für die jetzige als auch für künftige Generationen genauso wichtig oder sogar noch wichtiger für Wohlergehen, Lebenszufriedenheit und Gesundheit sein.

> **Wir können den Herausforderungen der Zukunft nicht mit dem Instrumentarium der Vergangenheit begegnen.**
>
> José Manuel Barroso, Präsident der Europäischen Kommission, auf der internationalen Konferenz „Beyond GDP: Measuring progress, true wealth and the well-being of nations", 19.-20. November 2007

Einzelne Berechnungen können uns dabei helfen, uns der Fortschritte bewusst zu werden, die wir zum Beispiel im Hinblick auf Einkommen oder Gesundheit erzielen. Wenn sich diese Berechnungen jedoch nicht in einen gewissen Rahmen einfügen, der die Analyse strukturiert, können wir nicht verstehen, wo wir stehen und in welche Richtung wir gehen. Wir brauchen etwas, das es uns ermöglicht, das Gesamtbild zu verstehen, das sich aus diesen Daten ergibt, und es als Basis für Politik und Handeln zu nutzen. Ein konzeptionelles Rahmenwerk kann uns dabei behilflich sein, die Indikatoren auszuwählen, die am Besten messen, was wir beurteilen wollen, und zwar auf einheitliche und abgestimmte Weise. Dies wird uns auch helfen, Nachhaltigkeit über verschiedene soziale Ebenen hinweg zu vergleichen.

Möglichkeiten zu finden, Vergleiche zwischen Ländern oder Regionen anzustellen, die vielleicht nicht die gleiche Geschichte, die gleiche Kultur, die gleiche wirtschaftliche und soziale Entwicklung oder die gleichen physischen Bedingungen teilen, ist eine Herausforderung. Dazu ist ein andauernder Dialog erforderlich über Bedürfnisse, Ressourcen und wie diese sich entwickeln, ebenso wie ein flexibler Ansatz zur Konstruktion einer Reihe von Indikatoren, die die nützlichsten Belege und Informationen liefern können. Individuelle Indikatoren sind die grundlegenden Bausteine dieses Prozesses.

Die Aufgabe wird dadurch weiter erschwert, dass je nach Standort unterschiedliche Einschätzungen darüber vorherrschen können, was für die Nachhaltigkeit wichtig ist: Die Wasser-, Boden- oder Luftqualität, das Einkommen der Menschen oder der Zugang zu Energie, die Lebenserwartung oder andere Indikatoren. Wie können wir dann Messmethoden entwickeln, die einen bestimmten Kontext oder eine bestimmte Geografie widerspiegeln, und es ferner ermöglichen, unter mehreren Institutionen und über geografische Grenzen hinweg zusammenzuarbeiten, um die Nachhaltigkeit weltweit zu fördern?

Eine ganze Reihe von Indikatoren kann genutzt werden, um die relativen Situationen verschiedener Länder zu vergleichen, ihre Stärken und Schwächen zu evaluieren und Bereiche zu identifizieren, wo politisch eingegriffen werden sollte. Es wäre sehr viel einfacher, eine einzige Indikatorenliste für alle zu haben, die schnelle Vergleiche zwischen unterschiedlichen Orten und über längere Zeit hinweg ermöglichen würde, aber so einfach ist das nicht: Was in Kalifornien wichtig ist, entspricht nicht genau den Bedürfnissen in Helsinki oder Bangalore.

Und doch werden gemeinsame Indikatoren benötigt, wenn Länder oder Gemeinden die erzielten Fortschritte im Bereich nachhaltige Entwicklung untereinander vergleichen wollen. Daraus können sie lernen, was funktioniert und was nicht. Deshalb haben im Zuge der Weiterentwicklung der Messung der nachhaltigen Entwicklung viele lokale, nationale und supranationale Organe, wie die Vereinten Nationen und die Europäische Union, Indikatorenreihen entwickelt und präzisiert. Gemeinsam mit internationalen Organisationen und NRO haben sie sehr viel Mühe darauf verwendet, ihre Indikatoren zur Diskussion zu stellen und zu verfeinern, damit die Messung der nachhaltigen Entwicklung verbessert werden kann und Vergleiche zwischen Ländern oder unterschiedlichen Verwaltungsebenen ermöglicht werden.

Der Kapitalansatz

Die Hauptidee der nachhaltigen Entwicklung ist die Verbindung zwischen dem Wohlergehen der derzeitigen Generation und dem der kommenden Generationen. Um diese Verbindung herzustellen, können wir das Konzept des Kapitals verwenden. Ökonomisch gesehen ist Kapital ein Bestand, der über mehrere Jahre für die Produktion genutzt wird – denken wir zum Beispiel an eine Maschine oder eine Fabrik. Kapital kann durch Investitionen entstehen, es wird über mehrere Jahre verbraucht, bis es am Ende aufgebraucht ist. Das Konzept des Kapitals kann man auch auf die Nachhaltigkeit anwenden, um alle Arten von Wohlstand zu messen, die zum Wohlergehen in einem umfassenderen Sinne beitragen. Ökonomen nutzen das Konzept des *Volksvermögens*, um dieses weiter gefasste Maß zu kennzeichnen.

Der „Kapitalansatz" ist ein Rahmen zur Messung der nachhaltigen Entwicklung, dem das Prinzip zu Grunde liegt, dass es zur langfristigen Sicherung des Wohlergehens notwendig ist, die verschiedenen Komponenten des Reichtums zu erneuern oder zu bewahren. Dieser Ansatz betont die Notwendigkeit, sich auf die langfristigen Bestimmungsfaktoren der Entwicklung zu konzentrieren, ohne dabei die aktuellen Bedürfnisse auszuschließen, vielmehr gemäß dem Prinzip der Nachhaltigkeit: eine Entwicklung, die auch künftig fortgesetzt werden kann. Dieser Ansatz ermöglicht es uns, darüber nachzudenken und zu evaluieren, inwiefern das, was wir heute tun, auch in naher, mittlerer und ferner Zukunft funktionieren wird, und wie man untersuchen kann, ob es „Fortschritte", „Rückschritte" oder „Stagnation" gibt.

Nach diesem Modell beinhaltet die gesamte Kapitalbasis fünf einzelne Kategorien:

> *Finanzkapital* wie Aktien, Obligationen und Deviseneinlagen;

> *Produziertes Kapital* wie Maschinen, Gebäude, Telekommunikation und andere Arten von Infrastruktur;

> *Naturkapital* in Form von natürlichen Ressourcen, Grundstücken und Ökosystemen, die Dienste wie Abfallverwertung erbringen;

> *Humankapital* in Form einer ausgebildeten und gesunden Erwerbsbevölkerung;

> *Sozialkapital* in Form von sozialen Netzwerken und Institutionen.

Wenn man diese verschiedenen Kapitalformen als Inputs zur Produktion von Wohlergehen betrachtet, kann man das Volksvermögen als die Summe der verschiedenen Kategorien von Kapital errechnen.

Bei einer nachhaltigen Entwicklung muss sichergestellt werden, dass das Pro-Kopf-Volksvermögen mit der Zeit nicht abnimmt und wenn möglich, noch zunimmt. Wenn wir zum Beispiel unser gesamtes Naturkapital aufbrauchen und nichts unternehmen, um es zu schützen oder zu mehren, dann wird diese Quelle des Wohlergehens versiegen, und das Ergebnis wird nicht nachhaltig sein. Der Kapitalansatz ermöglicht es, darauf zu achten, dass die Kapitalbestände nicht zu sehr absinken. Ein gutes Beispiel bietet Norwegens Umgang mit seinen Erdölreserven. Norwegen verfügt über einige der größten Ölvorkommen der Welt und könnte die Erträge aus dem Verkauf seines Erdöls für alle möglichen Programme ausgeben. Stattdessen investiert Norwegen diese Gewinne, um sicherzustellen, dass nach dem Versiegen der Erdölvorkommen andere Einkommensquellen bereitstehen. Anders ausgedrückt, genauso wie Finanziers ihre Kapitalbasis und ihre Dividenden maximieren wollen, sollten wir die Finanz-, Produktions-, Human-, Sozial- und Naturkapitalbasis unseres Wohlergehens maximieren und sicherstellen, dass sie langfristig weiterhin Dividenden in Form von Wohlergehen auszahlt.

Dies hört sich recht einfach an, doch bedeutet das „Maximieren" von Kapital, dass wichtige Entscheidungen darüber zu treffen sind, was aufgebraucht werden kann und was geschützt werden muss. Eine wichtige Frage lautet: Können die verschiedenen Kapitalkategorien gegeneinander „ausgetauscht" werden, solange die Gesamtsumme gleich bleibt, oder muss jeder Typ auf einem bestimmten Minimalniveau erhalten bleiben? Die praktische Antwort auf diese Frage ist, dass es von den Umständen abhängt. In den meisten Fällen werden gewisse spezifische Kategorien von „kritischem Kapital" notwendig sein, damit die Welt und unsere Gesellschaften richtig funktionieren, und zwar Dinge, die wesentliche Funktionen erfüllen und nur zu extrem hohen Grenzkosten ersetzt werden können.

Nachhaltigere Architektur mit Hilfe der Technik

Bei unseren Bemühungen, dem Modell der nachhaltigen Entwicklung zu folgen, fällt den Räumlichkeiten, in denen wir leben und arbeiten, eine besondere Bedeutung zu. Denn was steht letztlich mehr für menschliche „Entwicklung" als die Gebäude und Städte, die wir bauen? Das 20. Jahrhundert war Zeuge mehrerer Revolutionen in der Architektur, deren Schwerpunkte von der Ästhetik über die Produktivität bis zur Ökologie reichten. Die Rolle der Technik ist hierbei nicht immer positiv gewesen, wie es die Verwendung von Asbest zur Isolierung zeigt.

In den letzten Jahren hat die Bewegung zu Gunsten einer umweltfreundlicheren Architektur, im Volksmund „grünes Bauen" genannt, ein bemerkenswertes Wachstum erfahren. In den Vereinigten Staaten wurden diese Bemühungen von dem Programm „Leadership in Energy and Environmental Design", kurz LEED, angeführt. LEED zertifiziert neue und renovierte Gebäude anhand einer Skala, die bis zur höchsten Stufe „Platin" reicht, wobei die Einstufung davon abhängt, wie viele ökologische „Punkte" das untersuchte Projekt erzielt. Bis zu 70 Punkte werden für Aspekte wie die Nutzung erneuerbarer Energien und wiederverwerteter Werkstoffe oder die Nähe des Standorts zu öffentlichen Verkehrsmitteln vergeben.

Die heutige Erfahrung zeigt, dass sich die Bevorzugung der Umwelt auch auf die soziale und die wirtschaftliche Säule auswirkt: So ist bekannt, dass natürliche Beleuchtung sowohl für die Zufriedenheit der Arbeitskräfte als auch für die Produktivität vorteilhaft ist; Farben und Klebstoffe mit aggressiven Lösungsmitteln zu vermeiden, verbessert die Gesundheit der Arbeitskräfte, wodurch die Zahl der Krankheitstage sinkt. In finanzieller Hinsicht wird die höhere Anfangsinvestition durch Energieeinsparungen, höhere Vermietungsraten und längere Lebensdauer der Gebäude rentabel.

In vielen europäischen Ländern kurbeln strengere Normen für den energetischen Wirkungsgrad, teilweise unterstützt durch Subventionen, das Wachstum des Markts für nachhaltige Technologien an. Diese Technologien etablieren sich dadurch bei den Bauunternehmern und werden zudem erschwinglicher. Der durchschnittliche Stromverbrauch eines Gebäudes ist in Deutschland um 30% niedriger als in den Vereinigten Staaten.

Im Vereinigten Königreich wurde eine nationale Initiative gestartet, um Schulen nachhaltiger zu gestalten. Gefördert werden nicht nur Änderungen im Lehrplan, sondern auch innovative Architektur. Das bisher ehrgeizigste Projekt ist eine Grundschule in Hertfordshire, wo traditionelle ökologische Elemente wie begrünte Dächer und Regenwassergewinnung von einem unter dem Spielplatz gelegenen hochmodernen Wärmespeichersystem begleitet werden, das im Winter für warmes Wasser sorgt. Das ist umweltfreundlich, und außerdem arbeiten und spielen die Schüler in einer gesünderen und stimulierenderen Umgebung, führen Experimente mit Insekten aus dem Sedumdach aus und lernen am Beispiel ihrer eigenen Schulmöbel den kompletten Lebenszyklus des Recyclings kennen.

Das OECD-Programm zum Bau und zur Ausstattung von Bildungseinrichtungen (PEB) fördert den Austausch und die Analyse von Politiken, Forschungsergebnissen und Erfahrungen in allen Bereichen des Baus und der Ausstattung von Bildungseinrichtungen. Die Ziele des PEB sind die Verbesserung der Qualität und der Eignung solcher Gebäude, die Sicherstellung einer bestmöglichen Nutzung der Ressourcen für Planung, Bau, Nutzung und Unterhalt sowie die frühzeitige Information über die Auswirkungen von Trends in Bildung und Gesellschaft insgesamt auf Bau und Ausstattung von Bildungseinrichtungen.

Quelle:

OECD-Programm zum Bau und zur Ausstattung von Bildungseinrichtungen (PEB), *www.oecd.org/edu/facilities*.

Ouroussoff, N. (2007), „Why are they greener than we are?", *New York Times Magazine*, 20. Mai 2007, *www.nytimes.com*.

Sustainable Schools, *www.teachernet. gov.uk/sustainableschools*.

United States Green Building Council, *www.usgbc.org*.

Walker, E. (2008), "Too cool for school: Britain's most Eco-friendly building", *The Independent*, 10. April 2008, *www.independent.co.uk/environment/ green-living*.

Ein erträgliches Klima ist vielleicht das auffälligste Beispiel dafür, dass es nicht wirklich zählt, wie hoch unser Volksvermögen ist, wenn die Klimaveränderung das Leben auf der Erde oder in manchen Regionen unmöglich werden lässt. Wenngleich man zuerst an die umweltbezogenen Formen des wesentlichen Naturkapitals denkt, können auch gewisse Aspekte des Sozial- und des Humankapitals von kritischer Bedeutung sein. Wenn die sozialen Netzwerke und Normen, die das Fundament einer Gemeinschaft bilden, nicht mehr funktionieren, dann brechen Gesellschaften zusammen, wie im Fall von Konflikten und Krieg. Gleichsam kann Humankapital ohne Bildung nicht erhalten bleiben, wodurch die Nachhaltigkeit insgesamt unmöglich wird.

Die globale Dimension

Davon abgesehen sind viele der entscheidenden Fragen zum Thema nachhaltige Entwicklung grenzüberschreitender und sogar globaler Natur, was bedeutet, dass ihre Wirkung über politische oder geografische Grenzen hinausgeht. Umweltangelegenheiten wie Luftverschmutzung oder Verlust der Artenvielfalt sind offensichtliche Beispiele, doch sind wirtschaftliche und soziale Fragen ebenfalls zunehmend globalisiert, was in den Bereichen Handel oder Migration am deutlichsten wird. Welcher Rahmen auch immer zur Messung verwendet wird, er muss mit Indikatoren ausgestattet sein, um die Nachhaltigkeit in zahlreichen spezifischen Umgebungen darzustellen, und andere Messgrößen, die Fragen mit globaler Dimension erfassen, wie z.B. die Klimaveränderung.

Der WWF verwendet eine Analogie, die man im Gedächtnis behalten sollte, wenn man zu verstehen versucht, was Indikatoren sind und wie man sie nutzen kann. Denken Sie einmal an ein Auto. Die Bordinstrumente und andere Anzeigen geben dem Fahrer eine Reihe von Indikatoren an die Hand, dank derer er sieht, wie das Auto funktioniert, doch nicht alle diese Informationen sind zu einem bestimmten Zeitpunkt oder Zweck relevant. Die Öltemperatur mag einwandfrei sein, das Auto wird dennoch anhalten, wenn der Tank leer ist. Schlechte Fahrer werden außerdem eine Gefahrenquelle bleiben, egal wie viele technische Raffinessen das Armaturenbrett zieren. Nachhaltigkeitsindikatoren sind wie die Instrumente des Autos, sie betreffen einzelne Dinge (die Energiereserven wären hier eine direkte Analogie), oder sie kombinieren Indikatoren aus mehreren Bereichen, um ein deutlicheres Gesamtbild zu zeichnen (genauso wie der Wert eines Autos davon abhängt, wie viel Benzin es verbraucht, wie sicher es ist, wie bequem usw.).

Viele Firmen haben ihre eigenen Maßstäbe entwickelt, um die wirtschaftlichen, ökologischen und sozialen Auswirkungen ihrer Anlagen und Produkte zu bewerten. Manche kombinieren diese zu zusammengesetzten Indikatoren oder einfachen Indizes, die mit höherer Wahrscheinlichkeit das Interesse des Vorstands wecken. Großunternehmen formulieren zudem Maßstäbe zur Prüfung der Nachhaltigkeit ihrer Lieferketten kleinerer Zulieferer. Ford Europa nutzt zum Beispiel einen Produktnachhaltigkeitsindex als Managementinstrument, um die potenziellen Auswirkungen von Automobilen auf eine ganze Reihe von Faktoren zu untersuchen. Es handelt sich hierbei um einen ingenieurtechnischen Ansatz, der acht Indikatoren verbindet, um die ökologischen (potenzielle Klimaveränderung, Materialnutzung), sozialen (Mobilität, Kapazität, Sicherheit) und wirtschaftlichen (Lebenszykluskosten) Eigenschaften eines Fahrzeugs zu bewerten. Die Indikatoren werden nicht zu einer einzigen Rangfolge zusammengefasst, sondern auf die Bedürfnisse der verschiedenen Abteilungen des Unternehmens zugeschnitten.

Zusammengesetzte Indikatoren

Ein zusammengesetzter Indikator kombiniert zwei oder mehr einzelne Indikatoren oder „Subindikatoren" zu einer einzigen Zahl. Zu den bekannteren Beispielen gehören der Index der ökologischen Nachhaltigkeit, der ökologische Fußabdruck und der Index der menschlichen Entwicklung. Zusammengesetzte Indikatoren haben den Vorteil, dass sie komplexe Informationen in einem einfachen Format darstellen, wodurch es möglich wird, eine Rangfolge von Fabriken, Unternehmen oder Ländern nach ihrer allgemeinen Nachhaltigkeit zu erstellen. Diese vereinfachten Evaluierungen sind sehr medienfreundlich und werden so ähnlich wie Schulnoten verwendet.

Hinsichtlich der statistischen Genauigkeit sind solche zusammengesetzten Indikatoren jedoch eingeschränkt. Möglicherweise werden „Äpfel mit Birnen verglichen", also Dinge, die irgendwie prinzipiell nicht vergleichbar sind. Die Ergebnisse oder Rangfolgen hängen davon ab, wie die verschiedenen Indikatoren gewichtet werden, so dass sich zusammengesetzte Indikatoren der

Kritik aussetzen, sie wiesen Verzerrungen auf oder es mangele ihnen an Transparenz.

Dennoch erhält man durch zusammengesetzte Indikatoren eine gute Vorstellung davon, wie ein komplexes Phänomen, sei es „Entwicklung" oder „nachhaltige Entwicklung", evaluiert werden kann, indem mehrere wichtige Faktoren gemeinsam betrachtet werden. Es gibt zusammengesetzte Indikatoren, die spezifisch darauf ausgerichtet sind, Nachhaltigkeit zu überprüfen, und die Subindikatoren aus jeder Säule beinhalten. Andere beschäftigen sich nur mit einer Säule, und werden dennoch oft in den Diskussionen über Nachhaltigkeit herangezogen. Letztlich können wir zusammengesetzte Indikatoren zur Informationsgewinnung nutzen sowie um einen Überblick oder eine Zusammenfassung komplexer Inhalte zu erhalten, und uns dann anderen Messmethoden zuwenden, um detaillierte Analysen durchzuführen und Entscheidungen zu treffen.

Nachhaltigkeit beurteilen

Indikatoren und Indikatorenreihen bilden die Grundlage für die Beurteilung der Fortschritte im Bereich der Nachhaltigkeit. Es gibt zahlreiche verschiedene Beurteilungsmethoden, so zum Beispiel: regulierungsbezogene Wirkungsanalysen, armutsorientierte Wirkungsanalysen, Umweltverträglichkeitsprüfungen und strategische Umweltprüfungen. Bei diesen Ansätzen liegt der Schwerpunkt jedoch meistens auf einer bestimmten Säule der Nachhaltigkeit, und oft dominieren die wirtschaftlichen Aspekte. Was wir brauchen, sind Analysen, die die wirtschaftlichen, ökologischen und sozialen Auswirkungen untersuchen, und dies auch langfristig. Mit anderen Worten brauchen wir Nachhaltigkeitsprüfungen, die sich auf Politiken, Programme oder Vereinbarungen anwenden lassen, auf nationaler, regionaler oder internationaler Ebene sowie auf bestimmte Wirtschaftsbereiche.

Einschlägige Indikatoren und Beurteilungsinstrumente sind bereits verfügbar. Die EU-Internetseite *Sustainability A-Test* (*www.SustainabilityA-Test.net*) bietet einen guten Überblick über die Anzahl der vorhandenen Instrumente. Sie stellt 44 verschiedene Typen von Instrumenten zur Beurteilung der Nachhaltigkeit vor, eingeteilt in partizipatorische Prozesse, Szenarien, Multikriterien-Analyse, Kosten-Nutzen-Analyse, Buchhaltungsinstrumente und Modelle.

Welche Methoden auch immer gewählt werden (ob Indikatoren, Modelle, Erhebungen, Kosten-Nutzen-Analysen, Kostenwirksamkeit), die Verfahren für die Durchführung der Nachhaltigkeitsprüfungen müssen transparent sein und die Beteiligung aller Betroffenen unterstützen. Die Beurteilung muss wirtschaftliche, ökologische und soziale Auswirkungen identifizieren können, ebenso wie die Synergien und Trade-offs zwischen diesen verschiedenen Dimensionen. Unterschiedliche Stufen müssen präzisiert werden, einschließlich eines Relevanztests, der feststellt, ob eine Nachhaltigkeitsprüfung für das jeweilige Problem überhaupt notwendig ist.

Die Prüfungsergebnisse sollten den politischen Entscheidungsträgern und anderen in klarer und leicht verständlicher Form dargestellt werden. Selbst eine gut konzipierte Analyse, die sorgfältig durchgeführt wurde, wird keinen Einfluss ausüben, wenn sie die politischen Faktoren vernachlässigt, die ihre Anwendung verhindern. Die meisten Ansätze sind für die politischen Entscheidungsträger möglicherweise zu komplex und zu langwierig, während die bestehende Verwaltungsbürokratie vielleicht traditionelle Ansätze statt neuer Beurteilungstechniken bevorzugt. Außerdem werden Nachhaltigkeitsanalysen oft als Zusatz betrachtet und nicht als Bestandteil des politischen Entscheidungsfindungsprozesses. Daraus folgt, dass die Beurteilung eventuell zu spät kommt, mit beschränkter Berücksichtigung alternativer Politikoptionen. Ansätze für eine bessere Nutzung der Indikatoren und Beurteilungsinstrumente sind notwendig, wenn wir die Konzepte der nachhaltigen Entwicklung operationell umsetzen wollen.

Was macht ein gutes Leben aus?

Im Kern ist nachhaltige Entwicklung eine Möglichkeit, unsere heutige Lebensqualität auf eine Weise zu verbessern, die auf Dauer aufrechterhalten bleiben kann. Das Konzept lehrt uns, dass wir all das schätzen sollten, was zu unserem Wohlergehen beiträgt, selbst wenn, wie im Fall von Ökosystemen, der „Wert" nicht leicht zu ermessen ist. Unsere Aufgabe als Bürger, Wissenschaftler oder politische Entscheidungsträger ist es, die besten Wege ausfindig zu machen, um die für unsere Existenz wesentlichen Elemente in die Bilanz einzubeziehen und Entscheidungen zu treffen, die uns aus den roten Zahlen heraushalten.

Die nachhaltige Entwicklung hat einen starken Einfluss auf die Debatte über die Art, wie wir, als Gesellschaft und als Staat, unsere Rolle auf der Suche nach besseren, ausgewogeneren Lebensformen verstehen. Dies hat eine Diskussion wiederbelebt, die mindestens bis zu Platon zurückreicht: Was macht ein gutes Leben aus? Und wie kann man es verwirklichen? Diese scheinbar einfachen Fragen sind nicht so leicht zu beantworten. Glück, Zufriedenheit, Wohlergehen und Wohlbefinden sind alles Begriffe, die wir benutzen, um die Idee der Lebensqualität oder dessen, was das Leben „schön" macht, auszudrücken. Die Fragen, die wir uns als Einzelne stellen, sind weitgehend die gleichen, die dem Diskurs auf Gruppenebene zu Grunde liegen.

Genau zu erkunden, was Fortschritt in diesen Bereichen bedeutet, welches die Ziele sind, wie weit wir von ihrer Verwirklichung entfernt sind, welche Trade-offs notwendig sein werden, um sie zu erreichen, das ist die Hauptaufgabe der Bürger und der Regierungen. Die Instrumente und Messgrößen, die im Rahmen der nachhaltigen Entwicklung ausgearbeitet werden, werden weiter zu dieser Erkundung beitragen und dadurch ein Fundament für den laufenden Prozess der Verbesserung unserer Regierungs- und Lebensformen darstellen.

Die Messung der nachhaltigen Entwicklung hilft uns bei zwei wichtigen Aufgaben: Beurteilung der Richtung, in die wir uns bewegen, und Überprüfung der Effekte spezifischer Politiken, nicht nur für die derzeitige Generation, sondern auch für die künftigen. Ein wesentliches Prinzip, das jedem Messungsversuch zu Grunde liegt, besteht darin, zu verstehen, was in den Messungsprozess einfließen soll – welche Daten die wichtigsten sind, wie sie gesammelt werden, wie sie zusammengestellt werden, um Aussagen zu erbringen, und auf welche unterschiedliche Art sie ausgedrückt werden können. Denn wenn wir als Öffentlichkeit klüger werden, können wir leichter die Messgrößen auswählen und verstehen, die wir brauchen, um für uns und für die kommenden Generationen die richtigen Entscheidungen zu treffen.

Messung gesellschaftlichen Fortschritts

In den letzten Jahren hat das Interesse an der Entwicklung neuer, umfassenderer Indikatoren für sozialen Fortschritt weltweit stark zugenommen. Trotz der Vielfalt der Ziele und Ansätze dieser Initiativen haben sie eines gemeinsam: Sie alle wollen positive soziale Veränderungen fördern. Doch wie kann man sicherstellen, dass dieses Ziel erreicht wird? Welche Sets von Fortschrittsindikatoren sind nützlich? Und wie werden sie genutzt? Wir haben Kate Scrivens vom OECD *Global Project on Measuring the Progress of Societies* gebeten, uns dies zu erklären.

Was macht ein erfolgreiches Set von Fortschrittsindikatoren aus?

Erfolgreiche Ergebnisse kann man ganz unterschiedlich definieren. Ein Politikwechsel, der dadurch entstanden ist, dass ein Indikatorenset bei der Entscheidungsfindung Verwendung fand, wäre das direkteste Beispiel. Man könnte aber auch argumentieren, dass die erhöhte öffentliche Aufmerksamkeit durch Medienberichterstattung über Indikatorendaten ein Erfolg ist.

Welches Ziel verfolgt das OECD-Projekt?

Um Indikatorensets zu konstruieren, sind erhebliche Investitionen an Zeit und Ressourcen erforderlich. Dies lässt sich nur dann rechtfertigen, wenn realistisch zu erwarten ist, dass dieses Unterfangen nützliche Ergebnisse bringen wird. Die Umstände zu untersuchen, die zum Erfolg von Indikatorenprojekten geführt haben, hilft uns dabei, zu verstehen, was funktioniert und was nicht.

Wie gehen Sie an ein solches Vorhaben heran?

Wir untersuchen die Perspektiven eines breiten Spektrums von Erzeugern, Nutzern und Befürwortern von Fortschrittsindikatoren, um gemeinsame Themen und empfehlenswerte Verfahren zu erkennen. Wir haben einen „Vorher-Während-Nachher"-Ansatz gewählt und stellen Fragen, die mit den einzelnen Etappen der Erstellung eines Indikators verbunden sind.

Im „Vorher"-Teil wird untersucht, wie und warum das Indikatorenprojekt ins Leben gerufen wurde. Hier ist das Ziel, die Frage zu identifizieren, die den ursprünglichen Auslöser gebildet hat, und festzustellen, dass es bereits relevante Daten gab.

Die „Während"-Phase ist drei unterschiedlichen Aspekten gewidmet: Entwicklung und Ausarbeitung des Projekts, Endprodukt und schließlich Kommunikation und Anwendung.

Die „Nachher"-Fragen betreffen die Ergebnisse. Hier geht es darum, zu evaluieren, wie die Ergebnisse zu den angegebenen Zielen passen, und zu verstehen zu versuchen, welche wesentlichen Faktoren zum Erfolg oder Misserfolg des Projekts beigetragen haben.

Welche Arten von Vorhaben untersuchen Sie konkret?

Wir haben beschlossen, Beispiele auszuwählen, die eine ganze Reihe von Situationen beleuchten. Dies betrifft u.a. unterschiedliche Ebenen der geografischen Erfassung, wir haben also multinationale, nationale und subnationale Projekte einbezogen. Im Einklang mit der Philosophie der „Fortschrittsmessung" konzentrierte sich die Forschung eher auf Indikatorensets, die darauf ausgerichtet sind, einen gesamtgesellschaftlichen Überblick zu bieten, als auf sektorspezifische Sets.

Gibt es darunter Projekte zum Thema nachhaltige Entwicklung?

Ja, wir werden die Indikatoren der EU zur nachhaltigen Entwicklung und strukturelle Indikatoren, die der Lissabon-Agenda für Wachstum und Innovation zu Grunde liegen, als Beispiele multinationaler Indikatoren untersuchen. Nach allgemeiner Auffassung waren die Indikatoren von Lissabon hauptsächlich politisch motiviert, während die Indikatoren zur nachhaltigen Entwicklung eher durch technische Expertise beeinflusst wurden. Es wird interessant sein, die beiden zu vergleichen und festzustellen, wie Indikatoren in einem regionalen Forum wie der EU entwickelt werden.

Mehr zu diesem Thema finden Sie unter *www.oecd.org/progress.*

Weitere Informationen

OECD

Im Internet

Allgemeine einführende Informationen über die Arbeit der OECD im Bereich nachhaltige Entwicklung finden sich unter:
www.oecd.org/sustainabledevelopment.

Veröffentlichungen

Conducting Sustainability Assessments (2008):
Diese Veröffentlichung stellt die neuesten Entwicklungen in der Überprüfung der Nachhaltigkeit vor. Sie erfasst Methoden und Instrumente, ebenso wie die derzeitige Praxis in den OECD-Ländern sowie die Debatte über die Quantifizierung und den Vergleich verschiedener Arten von kurz- und langfristigen Auswirkungen auf die Politik.

Die OECD in Zahlen und Fakten 2008: Wirtschaft, Umwelt, Gesellschaft
Diese Veröffentlichung stellt über 100 Indikatoren zu folgenden Themen vor: Wirtschaft, Landwirtschaft, Bildung, Energie, Umwelt, Entwicklungszusammenarbeit, Gesundheit und Lebensqualität, Industrie, Information und Kommunikation, Bevölkerung/Erwerbsbevölkerung, Handel und Investitionen, Steuern, öffentliche Ausgaben und FuE.

Statistics, Knowledge and Policy 2007: Measuring and Fostering the Progress of Societies
Wird das Leben besser? Macht unsere Gesellschaft Fortschritte? Was bedeutet eigentlich „Fortschritt" für die Bürger dieser Welt? Das zweite OECD-Weltforum zu Statistiken, Wissen und Politik hat unter dem Titel „Den gesellschaftlichen Fortschritt messen und fördern" eine vielfältig zusammengesetzte Gruppe von Entscheidungsträgern aus über 130 Ländern zusammengeführt, um über diese Themen zu diskutieren.

Statistics, Knowledge and Policy: Key indicators to inform Decision Making (2006):
In dieser Veröffentlichung wird erörtert, weshalb Indikatorensysteme nützlich sind und wie Statistiken verwendet werden können, wie Systeme, die mit verschiedenen Arten von Statistiken verbunden sind, umgesetzt werden können, und welche Systeme bereits verfügbar sind.

Handbook on Constructing Composite Indicators: Methodology and User Guide (2008)
Dieses Handbuch zeigt, wie zusammengesetzte Indikatoren, die die Leistung von Ländern vergleichen und klassifizieren, konstruiert und genutzt werden können, und zwar in Bereichen wie industrielle Wettbewerbsfähigkeit, nachhaltige Entwicklung, Globalisierung und Innovation.

Measuring Sustainable Development: Integrated Economic, Environmental and Social Frameworks (2004):
Die Beiträge in diesem Sammelband widmen sich den verschiedenen politischen Fragen zu Konzepten, Messverfahren und Statistiken, die auftreten, wenn Rechnungslegungsrahmen auf dieses komplexe Problem angewendet werden.

Sonstige Dokumente

UNECE/OECD/Eurostat-Arbeitsgruppe zu Statistiken für nachhaltige Entwicklung, Report on Measuring Sustainable Development (Mai 2008):
Dieser Bericht stellt den kapitalbasierten Rahmen zur Auswahl der Indikatoren vor, mit denen nachhaltige Entwicklung gemessen werden kann.

www.oecd.org/sustainabledevelopment.

Alternative Measures of Well-Being, OECD Social, Employment and Migration Working Paper (2006):
Dieser Bericht untersucht, ob das Pro-Kopf-BIP ein geeigneter Hilfsindikator zur Messung des Wohlergehens ist oder ob andere Indikatoren, die entweder ersatzweise oder zusätzlich verwendet werden, besser geeignet sind.

http://dx.doi.org/10.1787/713222332167

7

Wie verändern oder entwickeln sich Gesellschaften? Ganz gleich, ob Probleme auf globaler Ebene durch technologische Innovationen, Veränderungen der Konsumgewohnheiten oder die Bereitstellung wichtiger Dienstleistungen gelöst werden, hängen die erzielten Fortschritte stets von den komplexen Interaktionen zwischen Menschen, Unternehmen, Nichtregierungsorganisationen und Regierungen ab. Es ist von entscheidender Bedeutung zu verstehen, wie das Zusammenspiel dieser Akteure besser koordiniert werden kann, um konkrete Fortschritte im Hinblick auf die nachhaltige Entwicklung zu erzielen.

Staat und Zivilgesellschaft

Zur Einleitung ...

Im Februar 2008 kam es in den Straßen von Burkina Faso zu schweren Ausschreitungen, in denen sich die Wut der Bevölkerung über den schon seit einem Jahr andauernden, explosionsartigen Anstieg der Nahrungsmittel- und Brennstoffpreise entlud. Die Randalierer setzten Tankstellen in Brand, demolierten Regierungsgebäude und bewarfen eine Regierungsdelegation mit Steinen, die eigentlich gekommen war, um über das Problem zu diskutieren. In den darauffolgenden Wochen wiederholten sich ähnliche Szenen in über dreißig Ländern weltweit, von Haiti über Somalia und Jemen bis nach Indonesien. Und es waren nicht nur die ärmsten Länder der Welt, in denen die steigenden Preise zum Problem wurden. Auch in Italien und Mexiko empörten sich die Menschen über den Preis von Nudeln bzw. Tortillas, der dort hohen Symbolcharakter hat. In dem Jahr vor der Krise hatten sich die Preise vieler Grundnahrungsmittel, insbesondere von Weizen und Reis, verdoppelt oder sogar vervierfacht. Die Konsequenzen konnten die Verbraucher in den Supermarktregalen weltweit sehen, was für die Regierungen mit starken Popularitätseinbußen verbunden war und teilweise auch dazu führte, dass es zu Krawallen kam.

Die Nahrungsmittelkrise veranschaulicht viele der Themen, die in diesem Buch erörtert wurden, und sie macht deutlich, wie wichtig ein koordinierter und kohärenter Ansatz für die nachhaltige Entwicklung ist. Die Krise war die Folge des Zusammenwirkens wirtschaftlicher, sozialer und ökologischer Faktoren: Im Zuge der Expansion der Weltwirtschaft sind die Preise sämtlicher Rohstoffe gestiegen. Und mit dem Lebensstandard erhöhte sich auch die Nachfrage nach Rindfleisch und Milchprodukten, was wiederum den Energieverbrauch der modernen Landwirtschaft steigen ließ, die ohnehin schon ein großer Verbraucher von Öl und sonstigen Mineralölprodukten ist (Pestizide, Düngemittel, Transport). Der Anbau von Energiepflanzen, die die Ölabhängigkeit reduzieren sollten, nahm Flächen in Anspruch, die früher für die Nahrungsmittelproduktion genutzt wurden, was zu Versorgungsengpässen führte und die Preise in die Höhe trieb. Große Nahrungsmittelerzeuger, wie Australien und Myanmar, wurden von Dürren oder Wirbelstürmen heimgesucht, wodurch die Nahrungsmittelversorgung zusätzlich beeinträchtigt wurde. Veränderungen im internationalen Handel hatten zur Folge, dass einige Länder auf Importe umstiegen, die sie sich heute nicht mehr leisten können.

▶ Angesichts der Zahl der Faktoren, die hier ins Spiel kommen, stellt sich die Frage, ob die Situation überhaupt kontrollierbar ist? Ist es möglich, so viele widerstreitende Interessen unter einen Hut zu bringen? Sind wir in der Lage, die Landwirtschaft und andere lebenswichtige Aktivitäten auf neue Wege zu führen? In diesem Kapitel wird deutlich gemacht, dass Veränderungen, unabhängig davon, ob sie negativ oder positiv sind, nicht „zufällig" stattfinden. Es wird untersucht, wie Staat und Zivilgesellschaft dafür sorgen können, dass lokale, nationale und globale Gemeinschaften auf eine nachhaltige Entwicklung einschwenken.

Veränderungen bewirken

Auf der elementarsten Ebene geht es in der Politik darum, zu entscheiden, was für eine Gesellschaft wichtig ist und wie die für wichtig erachteten Themen behandelt werden sollten. Es ist ein Prozess, durch den Menschen und Gruppen, die u.U. unterschiedliche Ansichten vertreten, versuchen, ihre Überzeugungen in praktikable Regeln oder Gesetze umzusetzen, um das Leben in der Gesellschaft zu organisieren. Derartige Prozesse werden häufig durch konservative Regierungsstrukturen gesteuert, und der Anstoß zu neuem Denken kommt oft von außen. In vielen Fällen großer gesellschaftlicher Umstellungen war der Druck zur Änderung der Gesetze und Einstellungen von visionären Kräften ausgegangen – Einzelnen, Gruppen oder „zivilgesellschaftlichen Organisationen" –, die ihre Ansichten so lange verteidigten, bis sie eine „kritische Masse" an öffentlicher und politischer Unterstützung hinter sich gebracht hatten. Was zuvor neu, manchmal gar schockierend oder irritierend wirkte oder unmöglich erschien, wurde so auf einmal zur Norm, d.h. Teil unseres politischen und sozialen Gefüges.

Man denke an die Veränderungen, die während der letzten hundert Jahre in den Industrieländern zu beobachten waren: Wer zu Beginn des 20. Jahrhunderts von einem Ort zum anderen gelangen musste, nahm die Pferdekutsche oder ging zu Fuß, selbst in reichen Metropolen wie Berlin, London oder New York. Wenn die Straßen überhaupt beleuchtet waren, dann meist mit Gaslicht. Infektionskrankheiten endeten vor der Entdeckung des Penicillins häufig tödlich. Frauen kamen im Kampf um ihr Wahlrecht ums Leben. Ein paar Jahrzehnte zuvor wurde die Sklaverei noch als normal angesehen, und Kinder unter 10 Jahren arbeiteten 12-Stunden-Schichten in Fabriken (was heute in manchen Ländern noch immer der Fall ist).

Wie vollzog sich der Wandel der Lebensbedingungen und der Einstellungen? Wie kam es, dass was einst natürlich und unabänderlich schien, plötzlich nicht mehr Gültigkeit hatte? Die großen Veränderungen in der Geschichte der Menschheit können nicht einer einzigen Ursache zugeschrieben werden. Menschen mit visionären Ideen traten für den Wandel ein und organisierten ihn. Manchmal war es auch ein Buch oder ein kulturelles Ereignis, das den Anstoß zu einer Veränderung in den althergebrachten Denkweisen gab: *Oliver Twist* von Dickens warf z.B.

ein schlechtes Licht auf Englands Armengesetz (Poor Law Amendment) von 1834, während der Roman *Der Dschungel* von Upton Sinclair, der 1906 veröffentlicht wurde, die entsetzlichen Arbeits- und Hygienebedingungen in der Fleischindustrie vor Augen führte, was unmittelbar zur Gründung der US Food and Drug Administration beitrug.

Was können wir daraus lernen, wenn wir die Lebensbedingungen in der Welt verbessern möchten, wenn wir das Wohlergehen der Menschen heute erhöhen und den künftigen Generationen eine Welt hinterlassen möchten, die sie nach ihrem Ermessen gestalten können? Ganz gleich, wie die Lösungen erzielt werden – durch die Einführung neuer Technologien, durch Umstellungen in den Konsumgewohnheiten oder durch die Sicherung des Zugangs zu Gesundheitsversorgung, Wasser und sanitären Einrichtungen –, Tatsache ist, dass sämtliche Fortschritte von der Zusammenarbeit verschiedener Akteure abhängen, die auf komplexe und dynamische Art interagieren.

Dies galt in der Vergangenheit und wird auch weiter der Fall sein, wenn wir vom traditionellen Entwicklungsmodell auf ein Modell der nachhaltigen Entwicklung umsteigen. Während die meisten Entwicklungsentscheidungen früher in erster Linie durch wirtschaftliche Überlegungen bestimmt waren und soziale oder ökologische Auswirkungen unberücksichtigt blieben, bewirken die Debatten über die Nachhaltigkeit der letzten zwanzig Jahre einen Wandel in der Art und Weise, wie öffentliche und private Institutionen Wachstum, Lebensqualität und andere entwicklungsbezogene Fragen sehen.

Bürger, Zivilgesellschaft und Fortschritt

Ebenso wie kein Erfinder allein über die Mittel verfügt, eine Entdeckung in ein nützliches Instrument für die Gesellschaft zu verwandeln, kann auch kein Sozialaktivist allein weitreichende gesellschaftliche Veränderungen herbeiführen. Beide müssen mit anderen kommunizieren und interagieren, um die Vorteile ihrer Entdeckung bzw. ihrer neuen Ideen zu beweisen und andere zu überzeugen, sie zu übernehmen und zu fördern. Der menschliche Fortschritt hängt von einem fortlaufenden Austausch zwischen Personen und Institutionen ab. Die Entscheidungen, die wir darüber treffen, wie die Welt aussehen sollte und wie sie verbessert werden kann, beruhen auf Interaktionen zwischen einzelnen Bürgern, Unternehmen, Zivilgesellschaft und Regierungen. Diese vier Kategorien von Akteuren interagieren in jenem komplexen und manchmal chaotischen Prozess der Entscheidungsfindung, den wir Politik nennen.

„Zivilgesellschaft" ist ein Begriff, den man heutzutage ziemlich häufig hört und der sich ebenso wie die „nachhaltige Entwicklung" nur schwer mit einer genauen Definition versehen lässt, der alle zustimmen

Downwinders at Risk:
Eine Mutter kämpft gegen den Wind

Becky Bornhorst empfindet sich selbst als Glückspilz – sie ist Hausfrau und Mutter, liebt ihr Wohnviertel, ihre Stadt, ihre Lebensart. Doch wenn sie den Rauch sieht, der in der Ferne aufsteigt – ein leider nur zu häufiger Anblick am Horizont – fühlt sie sich frustriert. Becky weiß, dass die wenige Meilen entfernten Zementöfen Quecksilber in einer Menge ausstoßen, die als gefährlich für die menschliche Gesundheit gilt. Seit mehr als zehn Jahren beteiligt sie sich im Rahmen einer sehr aktiven lokalen Nichtregierungsorganisation (NRO) an den Bemühungen, die Auswirkungen dieser und anderer Formen von Umweltverschmutzung regulieren zu lassen. Die NRO ist Teil eines Netzwerks von Gruppen, die versuchen, die Umweltqualität in der Region Nord-Texas zu verbessern.

„Im Jahr 1987 war ich Vollzeit-Hausfrau und Mutter, als ich anfing, Geschichten über gefährliche Abfälle zu hören, die in den drei Zementfabriken weiter unten in Midlothian, Texas, verbrannt würden", erinnert sich Becky. „Mein Sohn war damals vier und meine Tochter erst ein Jahr alt. Ich fand ein Anzeige in unserem Lokalblatt über ein Treffen für Lehrer und Eltern von Kleinkindern mit mehreren Vortragenden, es sollte um die Zementfabriken gehen."

Becky besuchte dieses Treffen gemeinsam mit einigen anderen Müttern und beschloss sofort, sich mit anderen besorgten Bürgern zusammenzuschließen, um Downwinders at Risk („die vom Abwind bedrohten") zu bilden. „Mein Ziel war, meine Kinder zu schützen – ich fand, wir sollten nicht vor der Umweltverschmutzung wegrennen müssen. Ich war jedoch naiv. Ich dachte, wir könnten ganz leicht für reine Luft sorgen, wenn wir uns einfach organisieren. Das hat sich als gar nicht so einfach herausgestellt."

Becky und ihre Mitstreiter haben seither an Hunderten von formalen Anhörungen und Gesprächen mit lokalen und nationalen Behörden teilgenommen. Im Laufe der Zeit haben sie Fortschritte erzielt, sie konnten wichtige Verbesserungen durchsetzen dank ihrer Bemühungen um Einschränkung der Emissionen und Luftreinigung, und sie erhielten dabei Unterstützung quer über das gesamte politische Spektrum hinweg.

Doch das schnelle Wirtschaftswachstum der letzten Jahre in ihrer Gegend bedeutet, dass insgesamt keine Verminderung der Umweltverschmutzung stattgefunden hat. „Meine Kinder gehen jetzt aufs College und ich versuche noch immer, die Luft zu reinigen", stellt sie nüchtern fest. „Ich wundere mich immer wieder darüber, wie groß die politische Macht der Industrie ist und wie klein die der Bürger".

Das Problem, industrielle Aktivitäten, die für die lokale Wirtschaft als wichtig erachtet werden, gegen die potenziellen Gesundheitsrisiken der Umweltverschmutzung und die Lebensqualität der Bürger abzuwägen, ist eine Herausforderung, der sich fast jede Gemeinschaft stellen muss. Und oft ist es so gewesen, dass ein Problem der Umweltdegradation erst einen kritischen Punkt erreichen musste – an dem z.B. die Luftverschmutzung so groß wurde, dass sie die Gesundheit gefährdete und die Bewohner in ihren Häusern bleiben mussten – bevor irgendetwas unternommen wurde, um die Verschmutzungsprozesse zu verhindern oder abzumildern.

Wie wichtig ist Luftqualität? Was sind die Konsequenzen der Umweltverschmutzung für die Gesundheit? Die Kosten? Wann ist es zu spät, etwas zu unternehmen, um einen gefährlichen Trend umzukehren? Diese Fragen gehören zu den schwierigsten, die unsere Gesellschaften heute zu beantworten haben. Durch die Industrialisierung sind die menschlichen Aktivitäten so gewachsen, dass Ende des 20. Jahrhunderts so etwas wie ein Wendepunkt erreicht war – die negativen Auswirkungen der Umweltzerstörung wurden sehr deutlich und gleichzeitig erlangte der Lebensstandard in den Industrienationen ein solches Niveau, dass die meisten Menschen nicht mehr hauptsächlich damit beschäftigt waren, ihre Grundbedürfnisse zu stillen. Mit anderen Worten begann die Aufmerksamkeit, sich von der Befriedigung der Grundbedürfnisse auch auf ein Nachdenken über die Auswirkungen menschlicher Aktivität zu verlagern. Von der puren Entwicklung zur nachhaltigen Entwicklung.

würden. Das *Centre for Civil Society* der *London School of Economics* definiert ihn als „Arena nicht erzwungener kollektiver Aktionen zur Umsetzung gemeinsamer Interessen, Ziele und Werte".

Die Gruppen, Vereinigungen und Bewegungen, aus denen sich die Zivilgesellschaft zusammensetzt, haben bei allen wichtigen gesellschaftlichen Veränderungen des letzten Jahrhunderts und auch der Zeit davor eine Rolle gespielt. Zivilgesellschaftliche Organisationen können sich mit spezifischen Fragen oder allgemeineren Problemen befassen. In der Tat waren sie maßgeblich für eine Reihe bedeutender Errungenschaften, wie das allgemeine Wahlrecht, den Umweltschutz, die Arbeitnehmerrechte und die Bekämpfung der Rassendiskriminierung.

Die nachhaltige Entwicklung stellt dabei keine Ausnahme dar. Organisationen wie der *Sierra Club*, der 1892 in den Vereinigten Staaten gegründet wurde, oder die *Gould Group*, die 1909 in Australien ins Leben gerufen wurde, traten schon lange für das ein, was wir heute als Nachhaltigkeit bezeichnen, bevor sich die Politiker und die Medien für das Thema interessierten. Zivilgesellschaftliche Organisationen waren bei allen wichtigen Treffen vertreten, bei denen Fragen der nachhaltigen Entwicklung behandelt wurden. In der Tat haben sie entscheidend zur Entwicklung des Konzepts der Nachhaltigkeit und seiner Umsetzung in konkrete Praktiken beigetreten. Es ist ihnen gelungen, einen Konsultativstatus bei Tagungen von Organisationen wie den Vereinten Nationen und der OECD zu erlangen, und sie nehmen an politischen Debatten teil. Sie betreiben Forschung, schreiben politische Abhandlungen und organisieren kollektive Aktionen wie Proteste und Boykotte. Sie sensibilisieren Öffentlichkeit und politische Entscheidungsträger für ihre Anliegen und tragen zu deren besserem Verständnis bei.

Zu Beginn des Kapitels wurde die Nahrungsmittelkrise erwähnt. Der Marine Stewardship Council (MSC) ist ein konkretes Beispiel dafür, was eine zivilgesellschaftliche Organisation in einem Bereich wie diesem erreichen kann. Der MSC ist eine unabhängige, globale gemeinnützige Organisation, die gegründet wurde, um eine Lösung für das Problem der Überfischung zu finden. Der MSC wurde 1997 ursprünglich von Unilever, dem größten Abnehmer von Fisch- und Meeresprodukten weltweit, und dem WWF ins Leben gerufen. 1999 wurde er von beiden Organisationen völlig unabhängig. Der MSC arbeitet mit Fischern, Einzelhändlern und anderen Betroffenen zusammen, um verantwortungsvolle, umweltgerechte, gesellschaftlich nutzbringende und wirtschaftlich tragfähige Fischereipraktiken weltweit zu fördern und zu zertifizieren.

Die Prinzipien und Kriterien für nachhaltige Fischerei des MSC sind ein international anerkannter Katalog von Leitlinien, anhand von denen evaluiert wird, ob Fischereien gut bewirtschaftet werden und nachhaltig sind. Nur Fischereibetriebe, denen von unabhängigen Prüfern bescheinigt wurde, dass sie den Anforderungen entsprechen, dürfen auf ihren Produkten das MSC-Logo führen. Das gibt den Verbrauchern zum ersten Mal die Möglichkeit, Fisch- und andere Meeresprodukte von gut bewirtschafteten Fischereien zu identifizieren und sich bewusst für sie zu entscheiden.

Welche Rolle kommt dem Staat zu?

Eine 2003 in Kanada durchgeführte Umfrage zeigte, dass kaum einer Berufsgruppe so wenig vertraut wird wie Autohändlern: Lediglich 10% der Befragten stuften sie als vertrauenswürdig ein. Noch schlechter schnitten mit nur 9% jedoch die „nationalen Politiker" ab. Und dies ist gewiss kein spezifisch kanadisches Phänomen. Die Regierungen selbst werden häufig wegen einer langen Liste echter oder unterstellter Misserfolge kritisiert: Es heißt z.B., dass sie Innovation und unternehmerische Initiative durch Steuern und Bürokratie behindern, sich dem Druck von Lobbys und nicht repräsentativen Interessengruppen beugen und das Bildungs- und Gesundheitssystem in schlechtem Zustand belassen. In einer solch komplexen Welt wie der unseren zu regieren, ist eine gewaltige Herausforderung. Und doch versuchen demokratische Regierungen immerhin, Maßnahmen zu konzipieren, die die Bevölkerung zufriedenstellen, und Lösungen für wichtige Fragen zu finden.

Bevor wir näher auf die verschiedenen Instrumente eingehen, die die Regierungen einsetzen können, ist es sinnvoll, nochmals daran zu erinnern, welche Aufgaben dem Staat im Bereich der nachhaltigen Entwicklung zukommen. Durch die Sammlung und Analyse von Daten sowie die Politikgestaltung und -koordinierung können die Regierungen im Allgemeinen die erforderliche Unterstützung und politische Führung gewährleisten, um die Gesellschaft in eine bestimmte Richtung zu bewegen. Sie können sicherstellen, dass Einzelinteressen nicht dem Gemeinwohl schaden. Die nachhaltige Entwicklung trägt zum Gemeinwohl bei, die zu ihrer Förderung ergriffenen Maßnahmen können aber den unmittelbaren Interessen einzelner Gruppen zuwiderlaufen, z.B. denen der Anteilseigner von Unternehmen, die höhere Löhne bezahlen oder Luft- und Wasserfilter installieren müssen.

Der Staat kann auch eingreifen, um das zu beheben, was Volkswirte als „Marktversagen" bezeichnen, d.h. Situationen, in denen die Marktkräfte allein nicht zum effizientesten Ergebnis führen. Die „Externalitäten", die in Kapitel 5 über Herstellung und Verbrauch erwähnt wurden, sind ein Beispiel dafür – Situationen, in denen die Aktionen eines Einzelnen oder einer Gruppe kostspielige Konsequenzen für andere haben.

Angesichts des globalen Charakters vieler Herausforderungen für die nachhaltige Entwicklung müssen die Länder auf höchster Ebene zusammenarbeiten, um Lösungen zu konzipieren und umzusetzen. Die nationalen Regierungen haben die Autorität und die Macht, dies zu tun. Sie verfügen zudem über die Instrumente, um zu gewährleisten, dass die Entscheidungen befolgt werden. Die drei wichtigsten Instrumente, mit denen der Staat die nachhaltige Entwicklung (zum Besseren oder Schlechteren) beeinflussen kann, sind Rechtsvorschriften, Steuern und Ausgaben. Jedes dieser Instrumente kann wichtig sein, Steuern sind aber in der Regel kosteneffektiver und flexibler als Rechtsvorschriften, während Subventionen für Steuerzahler und Verbraucher teuer sind.

Rechtsvorschriften

Wie bereits zuvor erwähnt, können Länder als Reaktion auf sozialen Druck oder sonstige Sachzwänge neue Gesetze und Vorschriften einführen, die wiederum einen merklichen Effekt auf das Verhalten haben können. In öffentlichen Räumen würde vermutlich noch immer geraucht, wenn der Gesetzgeber kein entsprechendes Verbot erlassen hätte. Gute Rechtsetzung ist ein wesentliches Instrument, um die nachhaltige Entwicklung zu einer Realität werden zu lassen. Die sozialen und wirtschaftlichen Bedingungen verändern sich, neue Werkstoffe und Technologien werden entwickelt, und unser Kenntnisstand über Gesundheits- und Umwelteffekte verbessert sich. Wir müssen die existierenden Gesetze und Vorschriften an die sich verändernden Umstände anpassen, und es wird immer Bedarf an neuen Rechtsvorschriften bestehen. Nano- und Biotechnologien sind sehr vielversprechend, sie werfen aber auch zahlreiche Fragen im Hinblick auf ihre Sicherheit und in manchen Fällen auf die ethischen Konsequenzen ihrer Anwendung auf. Die zuständigen staatlichen Stellen müssen Informationen sammeln sowie analysieren und untersuchen, ob es erforderlich ist, existierende Gesetze und Vorschriften zu ändern oder neue auszuarbeiten. Ihre Entscheidungen haben großen Einfluss auf die Entwicklung dieser Technologien und der Sektoren, die sie einsetzen.

An den Nano- und Biotechnologien wird eine der Schwächen der Rechtsetzung deutlich: In manchen Bereichen vollziehen sich die Entwicklungen in einem Tempo, mit dem der Gesetzgeber nicht Schritt halten kann. In anderen Fällen sind es die Regierungen, die die Dinge schneller voranbringen möchten, als von ihrer Wählerschaft akzeptiert wird – viele Menschen lehnen z.B. Gesetzesänderungen ab, die ihre Arbeitsbedingungen oder ihre Renten betreffen. Die Rechtsetzung stößt auch andere an Grenzen. Wenn Verbote z.B. zu 100% eingehalten würden, gäbe es keinen Konsum von illegalen Drogen, keine Geschwindigkeitsüberschreitungen und in der Tat keine Kriminalität, um die man sich sorgen müsste. Darüber hinaus können durch die Art und Weise, wie Verbote, Beschränkungen, Normen oder andere Arten von Regelungen formuliert sind und angewandt werden, ebenfalls Probleme entstehen, die kontraproduktive Bürokratie zur Folge haben. Statt einen kohärenten Rahmen für die Wirtschaftstätigkeit zu schaffen, erschwert Bürokratie Innovationen, behindert Initiativen und führt zu einer unnötigen Erhöhung des Verwaltungsaufwands für wirtschaftliche und soziale Aktivitäten.

Rechtsvorschriften können indessen auch wünschenswerte Ergebnisse für die Nachhaltigkeit bringen und das Wohlergehen des Einzelnen und der Gesellschaft insgesamt steigern. Pflichtimpfungen und andere öffentliche Gesundheitsinitiativen sind gute Beispiele dafür, ebenso wie die Schulpflicht für Kinder. Wir halten einige dieser Bestimmungen für so selbstverständlich, dass wir manchmal überrascht sind, wenn wir erfahren, wie verhältnismäßig neu sie sind und wie um sie gekämpft werden musste, so z.B. um die Vorschriften über die Qualität von Trinkwasser und Nahrungsmitteln oder die Sicherheit und die Umwelteffekte von Kraftfahrzeugen.

Rechtsvorschriften sind somit nicht von sich aus gut oder schlecht. Diesem Punkt wird in einem Katalog von Leitlinien für die Qualität und Leistung der Rechtsetzung Rechnung getragen, der von der OECD erstellt wurde. Die Identifizierung der Auswirkungen vorgeschlagener Gesetzesänderungen auf andere Politikziele ist für die nachhaltige Entwicklung besonders wichtig, wo Veränderungen in einem Bereich große Konsequenzen in anderen haben können. In den OECD-Leitlinien wird zudem unterstrichen, dass Rechtsvorschriften Einfluss auf andere Arten von Interventionen haben, von denen sie ihrerseits beeinflusst werden. Dies gilt insbesondere für öffentliche Ausgaben, Subventionen und Steuern – Themen, die im Folgenden erörtert werden.

Ausgaben

Der Staat tätigt hohe Ausgaben, und die Allokation dieser Mittel beeinflusst praktisch jeden Aspekt von Wirtschaft und Gesellschaft. Dies kann unmittelbare Effekte auf die Nachhaltigkeit haben. Eine Regierung, die über ein bestimmtes Budget für das Verkehrswesen verfügt, kann entscheiden, es in die Verbesserung des Straßennetzes oder in die Entwicklung von Schienenverkehrsleistungen zu investieren. Sie kann das für die Energiewirtschaft vorgesehene Budget für den Bau neuer Stromerzeugungskapazitäten oder die Förderung der Wärmedämmung und anderer energiesparender Technologien einsetzen. Bei den Gesundheitsausgaben kann der Schwerpunkt auf der Entwicklung innovativer Therapien oder der Vorbeugung geläufiger Pathologien liegen. Internationale EZ-Leistungen können verwendet werden, um den bilateralen Handel oder die technische Zusammenarbeit zu fördern. Vom Wissenschaftshaushalt bis hin zu den Sozialprogrammen haben alle von den Regierungen getroffenen Entscheidungen weitreichende Auswirkungen.

Dieser Abschnitt befasst sich mit einer Ausgabenart, mit der die Öffentlichkeit im Allgemeinen weniger vertraut ist, die aber einen großen Teil der meisten nationalen Haushalte ausmacht: den Subventionen. Viele OECD-Länder subventionieren fossile Energieträger. Die Abschaffung oder Reform dieser Subventionen wäre förderlich, um den Klimawandel zu bekämpfen. Die Landwirtschaft mag ein weniger offensichtliches Beispiel sein, ist aber einer der größten Subventionsempfänger. Über 300 Mrd. US-$ aus den Taschen der Verbraucher und Steuerzahler fließen im OECD-Raum jährlich in die Landwirtschaft. Ein Teil davon wird verwendet, um die Agrartechniken oder die Qualität der Landwirtschaft zu verbessern, der Großteil dient jedoch der Preisstützung. Trotz der erfolgten Reformen sind die durchschnittlichen Binnenpreise für Reis, Zucker und Milch in den OECD-Ländern z.B. noch immer mehr als doppelt so hoch wie auf den Weltmärkten, was die ärmeren Verbraucher besonders hart trifft, die proportional mehr für Nahrungsmittel ausgeben als die reichen.

Subventionen führen häufig zu wirtschaftlichen, ökologischen und sozialen Verzerrungen mit unbeabsichtigten Konsequenzen. Sie sind für den Staat kostspielig, können ihr Ziel verfehlen und haben zugleich auch schädliche ökologische und soziale Folgen.

Subsidy Reform and Sustainable Development: Political Economy Aspects

Ursprünglich bestand das Ziel der Agrarsubventionen darin, die Produktion zu erhöhen und auf diesem Wege die Ernährungssicherheit der jeweiligen Länder zu verbessern. Im Verlauf des 20. Jahrhunderts führte dies zu einer zunehmenden Mechanisierung der Landwirtschaft, zur Umstellung auf Rein- bzw. Monokulturen und mithin zu einer starken Abhängigkeit von Düngemitteln und Pestiziden sowie je nach Klima zur Einrichtung von Ent- und Bewässerungssystemen. Diese sogenannte „High-Input"-Landwirtschaft hatte einen starken Anstieg der Produktion zur Folge. Zu Beginn des 20. Jahrhunderts kamen in den Vereinigten Staaten im Durchschnitt 2,5 Einwohner auf einen Landwirt. Heute versorgt ein Landwirt in den Vereinigten Staaten laut der Statistiken der *National Academy of Engineering* über 130 Menschen, und bei Berücksichtigung der Exporte erhöht sich diese Zahl sogar noch.

Diese Fortschritte haben erhebliche Auswirkungen auf die Umwelt und das Leben landwirtschaftlicher Gemeinden:

➤ Die starke Mechanisierung der Landwirtschaft kann die Bodenerosion verstärken, da die Maschinen den Boden aufbrechen. Dies führt auf lokaler Ebene nicht nur zu einem Rückgang der Fruchtbarkeit der Böden, sondern auch zu Wasserverschmutzung durch Sedimenteinträge.

➤ Die Umstellung von kleinen, verschiedenartig genutzten, heckengesäumten Agrarflächen auf Monokulturen verringert die Zahl der verfügbaren Nistplätze für Insekten und Vögel. Die europäischen Ackervögelpopulationen sind in den letzten dreißig Jahren um 40% zurückgegangen, und außer für ein paar Arten setzt sich dieser Trend fort.

➤ Übermäßige Nährstoffzufuhr (Eutrophierung) ist die Hauptursache von Wasserverschmutzung. In den meisten Regionen stammt ein Großteil des Stickstoffs und Phosphors, der die schädlichen Algenwucherungen verursacht, aus Agrarbetrieben.

➤ Früher noch reine Grundwasserquellen sind inzwischen durch Pestizide kontaminiert, die von Agrarbetrieben durch den Boden gesickert sind.

➤ Über 70% der weltweiten Süßwassernutzung dienen Bewässerungszwecken, was mit einer Abnahme der Wasserführung der Flüsse und einem Rückgang des Grundwasserspiegels verbunden ist und so zu einer potenziellen Konfliktquelle wird. Im Fall von Flüssen und anderen Oberflächengewässern werden Lebensräume von Fischen und Vögeln geopfert, um die Nahrungsmittelerzeugung aufrechtzuerhalten.

Die „Entkopplung" der Agrarbeihilfen von der Erzeugung ist von entscheidender Bedeutung: Die Ziele in der Landwirtschaft ändern sich, und Subventionen können ein wirkungsvolles Instrument sein, um neue Ziele zu erreichen. Auch hier veranschaulicht die Nahrungsmittelkrise, wie zahlreiche verschiedene Aspekte miteinander verflochten sind. Hohe Preise verringern die Notwendigkeit von Subventionen und könnten Mittel für andere Zwecke freisetzen. Doch hohe Preise motivieren die Landwirte auch dazu, mehr zu produzieren. Dies kann dazu führen, dass sie auf Subventionen verzichten, die für die Brachlegung von Flächen gezahlt werden, damit diese für andere Zwecke genutzt werden können, wie z.B. zur Förderung der biologischen Vielfalt. Sorgfältig ausgerichtete Subventionen können dazu beitragen, das Gleichgewicht zwischen verschiedenen Politikzielen wiederherzustellen. Das erfordert Transparenz in Bezug darauf, wem die Subventionen (z.B. im Rahmen der Gemeinsamen Agrarpolitik der Europäischen Union) zugute kommen und wer für sie aufkommt. Notwendig ist ferner eine umsichtige Koordination zwischen den vielen betroffenen Akteuren.

Die Reform der Subventionen ... kann zu Haushaltseinsparungen, Strukturanpassungen und einer besseren Effizienz und Produktivität der Erzeugung führen. Was die Umwelt anbelangt, können durch den Abbau von schädlichen Subventionen negative Externalitäten, wie Umweltverschmutzung und Verschwendung, reduziert werden. In gesellschaftlicher Hinsicht kann die Reform der Subventionen zu einer gerechteren Einkommensverteilung und einem ausgewogeneren langfristigen Wachstum von Gemeinschaften und Volkswirtschaften führen.

Subsidy Reform and Sustainable Development: Economic, Environmental and Social Aspects

Die Effekte der Agrarsubventionen (die positiv oder negativ sein können) betreffen ganz klar den sozialen Bereich ebenso wie die Wirtschaft und die Umwelt. In der Tat steht zu hoffen, dass die Reform der Agrarsubventionen es den Landwirten aus Entwicklungsländern ermöglichen wird, auf dem Weltmarkt wettbewerbsfähig zu sein. Von diesem Gewinnpotenzial sollten Anreize zur Entwicklung von landwirtschaftlichen Infrastrukturen in Ländern ausgehen, die bisher nicht exportierten, was große Auswirkungen auf die Beschäftigung, die Kaufkraft und die Nahrungsmittelversorgung vor Ort haben dürfte. Wie bereits zu Beginn des Kapitels gezeigt wurde, spielt die Ernährungssicherheit auch hier wieder – weltweit – eine entscheidende Rolle, und alle Regierungen werden geeignete Maßnahmen ausarbeiten müssen, um eine produktive und nachhaltige Landwirtschaft zu fördern.

Steuern und wirtschaftliche Instrumente

Die Kehrseite der Ausgaben sind natürlich die Steuern. Beim Thema Steuern und Nachhaltigkeit kommen uns zuerst die sogenannten „Ökosteuern" in den Sinn, da diese (wie der Emissionshandel) so konzipiert sind, dass sie einen direkten Beitrag zur ökologischen Nachhaltigkeit leisten, indem sie „schlechtes" Umweltverhalten kostspieliger machen. Wie jedoch im Vorstehenden immer wieder angeführt wurde, ist die Umwelt nur ein Aspekt des Gesamtprozesses. Die sozialen und wirtschaftlichen Aspekte der Nachhaltigkeit werden ebenfalls von Steuern beeinflusst und gehören effektiv zu den größten Kostenstellen in den nationalen Haushalten. Auf die Bildung entfallen z.B. im Durchschnitt 5% der Staatsausgaben der OECD-Länder und auf das Gesundheitswesen weitere 6%. Da es „Sozialsteuern" aber schon lange vor der Erfindung des Konzepts der nachhaltigen Entwicklung gab und ihre Rolle selten unter diesem Gesichtspunkt betrachtet wird, ist ihre Bedeutung leicht zu übersehen. Dennoch spielen sie durch Mechanismen wie z.B. Sozialprogramme eine entscheidende Rolle bei der Bewältigung von Problemen, die Marktmechanismen und private Initiativen allein nicht effizient lösen können.

> Die ökologische Wirksamkeit und die wirtschaftliche Effizienz umweltbezogener Steuern könnten weiter verbessert werden, wenn existierende Steuerbefreiungen und andere Sonderregelungen abgebaut würden und wenn die Steuersätze besser an das Ausmaß der negativen Umwelteffekte angepasst würden, die es zu bekämpfen gilt.
>
> *The Political Economy of Environmentally Related Taxes*

Desgleichen werden Steuern oft als Hindernis für die wirtschaftliche Entwicklung erachtet, obwohl die Regierungen sie und die daraus gewonnenen Einnahmen nutzen, um die wirtschaftliche Entwicklung zu gestalten und zu fördern. Zudem überschneiden sich die sozialen und wirtschaftlichen Funktionen der Steuern in vielen Fällen, z.B. wenn Mittel in die Entwicklung bestimmter Sektoren oder Regionen investiert werden oder wenn Sozialmaßnahmen eingesetzt werden, um die Umstellung von traditionellen auf neue Aktivitäten zu erleichtern oder zu unterstützen.

Interessanterweise gibt es bei vielen Fragen der nachhaltigen Entwicklung schlagkräftige Argumente dafür, Steuern und andere marktorientierte Mechanismen *anstelle* von Subventionen einzusetzen: Wie hoch ist schließlich die Wahrscheinlichkeit, dass die politischen Entscheidungsträger alle Initiativen identifizieren können, die es wert sind, unterstützt zu werden, und die entsprechenden Subventionen bereitstellen, ohne ungewollt Initiativen zu fördern, die letztlich negative Effekte haben? Demgegenüber kann ein ganz einfacher Besteuerungsmechanismus Innovationen in Unternehmen stimulieren, die eigene Lösungen entwickeln, um bestimmte Praktiken nachhaltiger zu gestalten.

Im Hinblick auf die nachhaltige Entwicklung gibt es mehrere Gründe für den Einsatz von wirtschaftlichen Instrumenten:

> ➤ Sie können Anreize für Verhaltensformen bieten, die mit den Zielen der nachhaltigen Entwicklung in Einklang stehen, und Aktionen verhindern, die diesen Zielen zuwiderlaufen.

> ➤ Die ökologischen, sozialen und wirtschaftlichen Gesamtkosten können bei solchen Maßnahmen in die Preise integriert werden, womit die Märkte in Richtung einer nachhaltigeren Wirtschaft orientiert werden.

> ➤ Sie fördern die Innovationstätigkeit, indem sie für Marktdruck sorgen.

> ➤ Die Einnahmen aus den Maßnahmen können verwendet werden, um andere Steuern zu senken oder Sozialmaßnahmen zu finanzieren.

In einem im Mai 2008 in der *Chicago Tribune* erschienenen Artikel wurde dies folgendermaßen erläutert: „Sie [die Verbraucher] haben die Wahl, entweder den Ölförderländern oder sich selbst mehr Geld zuzugestehen. Die Steuereinnahmen können verwendet werden, um nützliche Programme im Inland zu finanzieren oder andere Steuern zu senken, während gleichzeitig die Kohlendioxidemissionen eingedämmt werden."

Nationale Strategien: Einbindung der nachhaltigen Entwicklung in die staatliche Politik

Die Länder, die auf dem Erdgipfel von Rio die Agenda 21 unterzeichneten, zeigten sich relativ optimistisch im Hinblick auf die nachhaltige Entwicklung. Sie vertraten die Ansicht, dass die staatliche Politik bei der Erreichung dieser Ziele eine zentrale Rolle spielen würde. Das ergibt Sinn: Das Konzept der nachhaltigen Entwicklung hat das Potenzial, viele Dinge zum Besseren zu verändern. Wenn es aber nicht auf allen Regierungsebenen – auf lokaler, regionaler, nationaler und internationaler Ebene – fest in die politischen Entscheidungsgremien verankert ist, bleiben konkrete Fortschritte aus.

Ebenso werden Fortschritte gebremst, wenn die von einem Regierungsressort ergriffenen Maßnahmen denen eines anderen abträglich sind. Bevor z.B. Massentourismus gefördert wird, dürfte es sinnvoll sein, sich die Frage zu stellen, ob die geplanten Golfplätze oder Schwimmbäder nicht zu einem Wassermangel in der Landwirtschaft führen werden. Wird andererseits der Landwirtschaft gegenüber dem Fremdenverkehr Vorrang gewährt, verpasst man u.U. die Chance, Hunderte von Arbeitsplätzen in Regionen mit hoher Arbeitslosigkeit zu schaffen. Staatliche Politik im Dienst der nachhaltigen Entwicklung bedeutet nicht, dass ein Aspekt begünstigt wird, während andere vernachlässigt werden; vielmehr geht es darum, auf möglichst kohärente Weise einen Ausgleich zwischen verschiedenen Forderungen zu schaffen und die effizientesten administrativen und sonstigen Instrumente zur Umsetzung entsprechender Strategien zu entwickeln.

Auch wenn zahlreiche Länder nationale Strategien für eine nachhaltige Entwicklung formuliert und umgesetzt haben, fehlt es vielen an den grundlegenden Elementen in Bezug auf Konzeption und Umsetzung, die sowohl von der OECD als auch den Vereinten Nationen empfohlen wurden.

Institutionalising Sustainable Development

Wie aber sollte bei der Erstellung konkreter Aktionspläne zur Verwirklichung der gesetzten Ziele vorgegangen werden? Die Unterzeichnerstaaten der Agenda 21 haben vereinbart, nationale Strategien für eine nachhaltige Entwicklung zu erarbeiten – Dokumente, die den spezifischen Bedürfnissen und Zielen verschiedener Länder entsprechen und gleichzeitig den grundlegenden Prioritäten der nachhaltigen Entwicklung, auf die sich die internationale Gemeinschaft (OECD und VN) geeinigt hat, gerecht werden sollen. Da ein großes Maß an Flexibilität gewährt wurde, sind zwischen den einzelnen Strategien erhebliche Unterschiede festzustellen. Die meisten OECD-Länder verfügen mittlerweile über eine nationale Strategie für eine nachhaltige Entwicklung, wobei jede besondere Stärken und Schwächen aufweist. Welche Zwischenbilanz lässt sich also über 15 Jahre nach dem Gipfel von Rio ziehen? Sind manche Länder oder Regionen anderen voraus? Wenn ja, wie haben sie das geschafft?

Ein jüngst organisierter OECD-Workshop über optimale Vorgehensweisen für die Institutionalisierung der nachhaltigen Entwicklung lieferte einige konkrete dahingehende Vorschläge. Die Teilnehmer identifizierten eine Reihe von Erfolgsindikatoren, wie die Aufnahme der nachhaltigen Entwicklung in Verfassungs- und Gesetzestexte sowie ihre Berücksichtigung in den nationalen Haushaltsverfahren. Im folgenden Abschnitt wird beschrieben, wie die Regierungen versuchen, die Ziele ihrer nationalen Strategien in der Praxis zu erreichen.

Was ist wirksam?

Der Erfolg eines Programms hängt im Wesentlichen von der Bedeutung ab, die ihm beigemessen wird. Damit die nachhaltige Entwicklung ernst genommen wird, muss sie zentral in einem Ministerium oder Ressort, das Einfluss auf sämtliche Regierungsaktivitäten hat, angesiedelt werden, z.B. wie in Österreich auf Ebene der Bundesregierung oder wie in Norwegen im Finanzministerium. Wenn die Politik für eine nachhaltige Entwicklung in solch einer zentralen Funktion „verankert" ist, kann sie eine stärkere Wirkung entfalten und lässt sie sich einfacher zwischen den verschiedenen Regierungsressorts koordinieren. Für die nachhaltige Entwicklung kann auch ein eigenes Ministerium eingerichtet werden, wie dies z.B. in Frankreich geschehen ist.

Die Institutionalisierung der nachhaltigen Entwicklung, unabhängig davon, ob sie durch nationale Strategien oder andere Instrumente erfolgt, kann nicht zu einer Realität werden, wenn die Person an der Spitze nicht dazu entschlossen ist.

Jim MacNeil, Generalsekretär der Weltkommission für Umwelt und Entwicklung in *Institutionalising Sustainable Development*

Mit der Einrichtung eines Ministeriums für nachhaltige Entwicklung kann ein breites Spektrum von Problemen, die zuvor auf verschiedene Ressorts aufgeteilt waren, einem einzigen zugeordnet werden. Werden Energie, Ökologie, maritime Angelegenheiten, Raumplanung, Forstwirtschaft und andere Bereiche in einem Ministerium zusammengefasst, ermöglicht dies eine integrierte Analyse und Entscheidungsfindung

Nachhaltige Governance in der Praxis

Lebenswerte Städte mit hochwertiger Infrastruktur, Grünflächen und innerstädtischen Wohngebieten sowie öffentlichen Projekten können zum wirtschaftlichen Erfolg beitragen, indem sie ausländische Investoren ebenso wie hochqualifizierte Fachkräfte und Touristen anziehen.

Competitive Cities in the Global Economy (Wettbewerbsfähige Städte in der globalen Wirtschaft, Zusammenfassung auf Deutsch erhältlich)

Theoretisch hört sich das wunderbar an, aber in der Praxis? Der Stadtteil „Quartier Vauban" in Freiburg im Breisgau wurde gemäß den Prinzipien des nachhaltigen Lebens aufgebaut. Die Idee war, intelligente Planung und Entwicklung zu nutzen, um die verschiedenen Bereiche des täglichen Lebens zu koordinieren: Verkehr, Baumaßnahmen, Energie, kommunale Dienste, öffentlicher Raum und Natur. Gärten und Spielplätze stehen zwischen farbenfrohen dreistöckigen Strukturen. Die Kinder besuchen vor Ort Kindergarten und Grundschule. Die Läden sind von den Wohnhäusern aus zu Fuß zu erreichen.

Bei Kindern und Heranwachsenden scheinen Einräder das beliebteste Transportmittel zu sein. Viele Autos werden Sie nicht zu Gesicht bekommen – fast die Hälfte der Anwohner hat sich gegen ein eigenes Auto entschieden. Die Höchstgeschwindigkeit beträgt 5 km/h, wodurch die Straßen sowohl für Fußgänger als auch für Fahrradfahrer sicher sind.

Dank einer Tramlinie und mehrerer Bushaltestellen ist Vauban per ÖPNV leicht zugänglich. Freiburg besitzt außerdem eines der ersten „Carsharing"-Programme, bei denen die Einwohner gegen einen kleinen Betrag bei Bedarf einen Pkw oder einen Lieferwagen nutzen können. Die Bauweise dieses „nachhaltigen Modellstadtteils" hält sich an die Niedrigenergie-Normen, wonach alle Häuser die Energie-Effizienz normaler Neubauten übertreffen, und 150 zusätzliche „Plusenergie"-Einheiten produzieren mehr Energie als sie verbrauchen.

Vauban hat darüber hinaus den Wohnimmobilienkäufern die Möglichkeit gegeben, sich durch ein kooperatives System mehr an der Konzeption ihres Lebensraums zu beteiligen. Dieses System erlaubte es den einzelnen Bewohnern, gemeinsam in eine neue Gruppe von Einheiten zu investieren und als Gemeinschaft zusammenzuarbeiten, um über individuelle Anpassungen an ihren Gebäuden zu entscheiden. Dies fügt dem Wohnungsbau nicht nur ein kreatives Element hinzu, sondern es gibt dem Begriff Investition eine neue Bedeutung – investiert werden auch Zeit, Mühe und Ideen des Käufers.

Vauban hat nicht alle Probleme gelöst, doch es scheint sich besser zu halten als viele ehrgeizigere Projekte, und die dort gesammelten Erfahrungen liefern konkrete Erfolgsbeispiele. Hinsichtlich der Governance veranschaulicht es die Bedeutung der „Mikroebene" – den Menschen zuhören, die wirklich in einer Straße leben werden, bevor die Straße geplant wird. Es zeigt auch, wie wichtig die Kohärenz zwischen den verschiedenen Regierungsebenen ist. Bei dem Ziel der sozialen Vielfalt mussten Einschnitte in Kauf genommen werden, weil das Wohngeld gekürzt wurde. Es kann auch schwer sein, unterschiedliche soziale Interessen auszugleichen. Der Bedarf an zusätzlichen Ausgaben zu Gunsten der Kinder lässt Spannungen zwischen den Generationen entstehen.

Doch kein Programm ist perfekt, und bei Governance geht es auch darum, Probleme zu lösen. Vauban und Freiburg werden inzwischen weltweit als Beispiele nachhaltigen Lebens zitiert. Das Projekt zeigt, dass das Leben angenehmer ist, wenn Regierungen und Bürger zusammenarbeiten, um die Prinzipien der Nachhaltigkeit anzuwenden. Und die Kinder, die auf ihren Einrädern herumflitzen, würden wahrscheinlich hinzufügen, dass es auch mehr Spaß macht.

und verringert sich das Risiko widersprüchlicher und sich gegenseitig schadender Maßnahmen. Dieser Ansatz kann jedoch nur dann wirksam sein, wenn er von der Staatsspitze, z.b. dem Premierminister oder Staatspräsidenten, unterstützt wird, d.h. mit anderen Worten, wenn die darin enthaltenen Empfehlungen konkret umgesetzt werden.

Das Beispiel Neuseelands zeigt, wie dabei die soziale Dimension integriert werden kann. In Neuseelands Programm zur nachhaltigen Entwicklung wird der sozialen Dimension der Nachhaltigkeit das gleiche Gewicht beigemessen wie der wirtschaftlichen und der ökologischen, wobei demografischen Entwicklungen, der neuen Rolle der Frau in der Gesellschaft, Verbesserungen im Gesundheits- und Wohnungswesen sowie einer besseren Integration der Maori-Gemeinschaften besondere Aufmerksamkeit gilt. Generationenfragen sind ebenfalls eine wichtige Komponente der sozialen Dimension. Die schwedische Strategie für die nachhaltige Entwicklung wurde daher um einen intergenerativen Zeitrahmen ergänzt, der eine Vision für die Zukunft umfasst, die für eine Generation bzw. mindestens 25 Jahre gültig sein dürfte.

Nachhaltigkeit auf allen Regierungsebenen

Führungskraft auf nationaler Ebene ist ein Schlüsselelement der staatlichen Politik im Dienst der nachhaltigen Entwicklung. Initiativen auf regionaler und lokaler Ebene sind für ihren Erfolg aber ebenfalls entscheidend. Letztlich wissen die Lokalregierungen am besten, was die Menschen und Unternehmen tatsächlich tun, welchen Einfluss sie auf die Umweltverschmutzung haben, wie sie produzieren und konsumieren, welche Erfahrungen sie mit den Gesundheitsversorgungs- und Bildungssystemen machen. Normalerweise ist es das, was sie in ihrem unmittelbaren Umfeld erleben, das die Menschen dazu veranlasst, Aktionen in bestimmten Bereichen zu ergreifen, und die Lokalregierungen spielen eine wichtige Rolle im Hinblick auf dieses Umfeld, d.h. darauf, wie ein Ort wirkt, wie sich die Menschen dort fühlen und wie das Leben dort organisiert ist.

Die Lokalregierungen müssen die entscheidenden Zusammenhänge zwischen einer großen Zahl von Faktoren identifizieren, von denen anzunehmen ist, dass sie die Qualität des wirtschaftlichen, sozialen, politischen und ökologischen Umfelds beeinflussen. Doch selbst der Gemeinderat ist u.U. auf einer zu hohen Ebene angesiedelt, um die alltäglichen Auswirkungen seiner Entscheidungen wirklich erfassen zu können. Wirksame „Governance" erfordert zusätzlich noch bürgernähere lokale Netzwerke, denen nichtstaatliche Akteure, Vereinigungen und Unternehmen angehören, z.B. um soziale Spannungen zu lösen oder wirtschaftliche Chancen optimal zu nutzen. Laut der britischen *Commission for Sustainable Development* gilt: „Die nationale Politik gibt die Richtung vor, es sind aber die konkreten Aktionen auf lokaler Ebene, die die nachhaltige Entwicklung zu einer Realität werden lassen".

Der Aufstieg der Biokraftstoffe – eine Geschichte, die zu denken gibt

In den 1920er Jahren entwickelte Henry Ford sein Modell T mit der Absicht, es mit einem Ethanol-Mix zu betreiben, er baute dazu sogar eine Maisfermentierungsanlage in Kansas. Doch dann wurde Erdöl in Texas und andernorts entdeckt und Benzin der dominierende Verkehrskraftstoff. Nach den Erdölschocks gewann das Prinzip „Mais zu Ethanol" in den Vereinigten Staaten erneut an Beliebtheit, und Brasilien investierte massiv in Ethanol aus Zuckerrohr, so dass es einer der wichtigsten Kraftstoffe dieses Marktsegments wurde. Zum Ende des 20. Jahrhunderts, als die Sorge um den Klimawandel wuchs, argumentierten die Ethanol-Befürworter, dass Ethanol theoretisch CO_2-neutralen Kraftstoff liefern könne; Benzin mit 15% Ethanol würde keine Veränderungen des Fahrzeugs oder des Lebensstils des Fahrers erfordern. Ethanol setzt zwar bei der Verbrennung CO_2 frei, doch verbrauchen die Futterpflanzen auch CO_2 in ihrer Wachstumsphase. Im Grunde würde die Ethanol-Pflanzenernte des kommenden Jahres die Kohlendioxydemissionen dieses Jahres absorbieren. Weitere Vorteile sind unter anderem Einkommen für die Landwirtschaft und Energiesicherheit für Länder, die für solche Kulturen Anbauflächen zur Verfügung stellen können. Auch sind Pflanzenöle, z.B. aus Raps oder Ölpalme, für Dieselmotoren verwendbar.

Hört sich das nicht perfekt an? Die westlichen Staaten haben sich dem Trend angeschlossen, im Jahr 2003 veröffentlichte die EU eine Richtlinie, die 5,75% Biokraftstoffanteil in Kraftstoff für den Straßenverkehr bis 2010 vorsah. Weltweit verdoppelte sich die Ethanolproduktion und die Biodieselherstellung vervierfachte sich zwischen 2000 und 2005.

Doch es ziehen dunkle Wolken am Himmel auf. Seit Jahren warnen Umweltschützer, dass die Abhängigkeit von Biokraftstoffen nicht nur die negativen Auswirkungen konventioneller Monokulturen (Lebensraumverlust, Frischwasserverbrauch und Abschwemmungen von Dünger und Pestiziden) verschärft, sondern womöglich auch alles andere als CO_2-neutral ist. Im Fall mancher Ethanolkulturen kann der Energieverbrauch für Traktoren, Düngemittelherstellung und Fermentierungsprozesse letztlich mehr CO_2 produzieren als die Pflanzen verbrauchen. Die schärfste Umweltdebatte entstand, als große Flächen indonesischer Torfgebiete und Regenwälder abgebrannt und durch Ölpalmen ersetzt wurden – was bis zu 10% der globalen Kohlendioxydemissionen der letzten Jahre sowie eine Verdoppelung der Verlustraten von Lebensraum für nur dort vorkommende Arten wie den Orang-Utan bedeutete.

Auf sozialer Ebene waren die „Tortilla Riots" genannten Unruhen in Mexiko-Stadt im Februar 2007 mit den Preiserhöhungen verbunden, die sich aus der erhöhten Nachfrage nach Mais durch die amerikanische Ethanolindustrie ergaben. Im Frühjahr 2008 kam es zu Steigerungen bei den Rohstoffpreisen und zu Nahrungsmittelengpässen, die deutlich machen, wie absurd es ist, Nahrungskulturen in Kraftstoff zu verwandeln. Nähern wir uns somit dem Ende der Biokraftstoffe? Es bleibt die große Hoffnung, dass wir effiziente Technologien entwickeln werden, um Ethanol oder Biodiesel aus Ernterückständen, „Unkraut" oder Algen zu gewinnen. Dazu könnten genetisch modifizierte neue Mikroben notwendig sein, um die Zellulose in Ethanol zu fermentieren. In der Zwischenzeit überdenkt die EU die Richtlinie aus dem Jahr 2003, da wir immer mehr über die vielfältigen Auswirkungen der Biokraftstoffe erfahren.

Quelle:

BBC News (2007), „Quick Guide: Biofuels". BBC News, 25. Januar 2007, *http://news.bbc.co.uk*.

Harrabin, R. (2008), "EU rethinks biofuels guidelines", BBC News, 14. Januar 2008, *http://news.bbc.co.uk*.

OECD (2008), *An Economic Assessment of Biofuels Environmental Policies*, *www.oecd.org/tad/bioenergy*

Rosenthal, E. (2008), "Once a Dream Fuel, Palm Oil may be an Eco-Nightmare", *The New York Times*, 31. Januar 2008, *www.nytimes.com*.

Die Identifizierung der richtigen Regierungsebene, um eine Frage zu lösen, ist schon für sich genommen eine umfassende und häufig komplexe Aufgabe. Großstädte oder Metropolregionen setzen sich z.B. aus zahlreichen Kommunen zusammen, die divergierende Ansichten über Fragen haben, die für die Stadt bzw. den Metropolraum insgesamt wichtig sind, und die auch unterschiedliche Methoden verfolgen, um die zahlreichen Probleme zu bewältigen, die sich in Städten stellen. Darüber hinaus sind viele Fragen in Bezug auf die Nachhaltigkeit „regionaler" Natur, man denke nur an die Luftverschmutzung oder die Landnutzung. Eine kohärente Governance im Dienst der nachhaltigen Entwicklung in solchen großen städtischen Gebieten erfordert oft eine regionale Institution, die die Anstrengungen koordinieren und Widersprüchlichkeiten zwischen lokalen Maßnahmen und Initiativen beheben kann.

Hinzu kommt, dass Strategien, die nur als ein weiteres von oben auferlegtes staatliches Programm gesehen werden, weniger Chancen haben, erfolgreich zu sein als solche, die im Rahmen von Konsultationen und Debatten ausgearbeitet werden. Es wäre unrealistisch zu glauben, alle Beteiligten könnten mit allen Aspekten einer nationalen Strategie einverstanden sein, die Wahrscheinlichkeit, dass eine Strategie umgesetzt wird, steigt aber, wenn alle betroffenen Parteien zumindest die Möglichkeit haben, die Ergebnisse zu beeinflussen. Aus diesem Grund setzt sich der tschechische Regierungsrat für nachhaltige Entwicklung z.B. aus Vertretern öffentlicher Stellen, von Unternehmen, akademischen Kreisen, Nichtregierungsorganisationen und anderen betroffenen Gruppen zusammen und dient als Rahmengremium für die Erarbeitung, Umsetzung und Überprüfung der nationalen tschechischen Strategie für eine nachhaltige Entwicklung.

Viele Länder scheinen Fortschritte auf dem Weg zu einer Governance im Dienst der nachhaltigen Entwicklung zu machen. Die Erstellung von nationalen Strategien für eine nachhaltige Entwicklung – ganz gleich, wie umfassend sie sind – ist jedoch keineswegs eine Garantie dafür, dass die Ziele erreicht werden. Ob dies gelingt, hängt von Fall zu Fall davon ab, wie die Strategien in Gesetze und Vorschriften umgesetzt werden und wie die verschiedenen Regierungsebenen (national, regional und lokal) bei ihrer Anwendung vorgehen.

Governance der Ungewissheit

Die Medien betonen häufig die Rolle, die Unternehmen und Privatpersonen für die nachhaltige Entwicklung spielen – schließlich sind wir es, die Häuser bauen, Autos kaufen usw. Den Regierungen kommt jedoch eine nicht minder wichtige Rolle zu, und sie können u.U. wesentlich mehr Einfluss ausüben als selbst die größten multinationalen Unternehmen. Ihre Fähigkeit zur Beeinflussung von Verhaltensformen und zur Koordinierung von Anstrengungen kann ausschlaggebend sein, um konkrete Ergebnisse zu erzielen. Sind die staatlichen Maßnahmen aber nicht kohärent, können sie Fortschritte behindern.

Wenn die Rolle des Staats beschrieben wird, kann leicht der Eindruck entstehen, dass es bei der Governance im Dienst der nachhaltigen Entwicklung lediglich darum geht, Ziele zu identifizieren, eine Reihe von Maßnahmen umzusetzen und Gremien einzurichten, die die Aufsicht darüber führen. Das ist aber nicht der Fall. Praktisch alle Aspekte von Wirtschaft und Gesellschaft ebenso wie die materiellen Ressourcen, von denen diese letztlich abhängig sind, haben Einfluss auf die Nachhaltigkeit. Wie das Endergebnis aussieht, hängt von unzähligen Interaktionen ab, die in verschiedene Zeitrahmen eingebunden sind und unterschiedliche Bedeutung haben. Kein Vorhersagemodell – ganz gleich, wie robust es ist –, keine Prognose – ganz gleich, wie genau sie ist –, kann uns alle erforderlichen Informationen liefern. Regierungen, die versuchen, das Prinzip der Nachhaltigkeit in die Praxis umzusetzen, sehen sich mit dieser Ungewissheit konfrontiert. Nicht nur ihre Ziele, sondern auch die Strategien und Instrumente, die sie zu ihrer Verwirklichung einsetzen, müssen nachhaltig sein. Sie müssen hinreichend rigoros sein, um wirksam zu sein, aber flexibel genug, um an sich verändernde Umstände und Prioritäten angepasst werden zu können. In einem ungewissen Umfeld muss die Governance selbst nachhaltig sein.

Weitere Informationen

OECD

Im Internet

Allgemeine einführende Informationen
über die Arbeit der OECD im Bereich
nachhaltige Entwicklung und Governance
finden sich unter:
www.oecd.org/sustainabledevelopment
und *www.oecd.org/governance*.

Veröffentlichungen

**Institutionalising Sustainable
Development** (2007):
Der Begriff "Institutionalisierung" integriert
das Konzept der nachhaltigen Entwicklung
in die langfristigen Regierungstätigkeiten
und reduziert die Gefahr, dass die Ziele der
nachhaltigen Entwicklung kurzfristigeren
politischen Zielen geopfert werden. Dieser
Band enthält Empfehlungen für eine
wirkliche Institutionalisierung.

**Subsidy Reform and Sustainable
Development: Political Economy Aspects**
(2007):
Die Abschaffung nichtnachhaltiger Subventionen erfordert Gesamtansätze, die
von der höchsten politischen Führungs-
ebene unterstützt werden, deren potenzielle
Auswirkungen auf alle Beteiligten transparent sind, die langfristig konsistent sind
und oft von Übergangshilfen begleitet
werden. Dieser Überblick verwendet
sektorale Fallstudien, um zu zeigen, dass
Veränderungen bei strukturellen Politiken
weitgehend von guter Governance
abhängen.

**Subsidy Reform and Sustainable
Development: Economic, Environmental
and Social Aspects** (2006):
Dieser Bericht bietet einen Überblick über
die verschiedenen Ansätze zur Beurteilung
von Subventionen und der dazugehörigen
Steuern und betrachtet die Erfahrungen
verschiedener Länder bei der Reform von
Subventionen in Landwirtschaft, Fischerei,
Industrie und Verkehr.

**Environmental Performance of
Agriculture at a Glance** (2008):
Dieser Bericht bietet die neuesten und
vollständigsten Datenreihen und Analysen
zur ökologischen Leistung der Landwirtschaft in den OECD-Ländern seit 1990.
Es werden die wichtigsten ökologischen
Themen wie Boden, Wasser, Luft und
biologische Vielfalt behandelt und die
jüngsten politischen Entwicklungen in allen
30 Ländern untersucht.

**Power to the People? Building Open and
Inclusive Policy Making** (2008):
Diese Veröffentlichung beschreibt die
neuesten Verfahren, die gewährleisten
sollen, dass die politischen Entscheidungs-
findungsprozesse offener und integrativer
sind, und stellt eine beeindruckende
Bandbreite unterschiedlicher Meinungen
von führenden Praktikern zusammen. Sie
bietet eine Reihe von Leitprinzipien zur
Unterstützung offener und integrativer
politischer Prozesse und einer
entsprechenden Dienstleistungs-
erbringung in der Praxis.

**Environmentally Harmful Subsidies:
Challenges for Reform** (2005):
Subventionen sind in allen OECD Ländern
weit verbreitet, und ein Großteil dieser
Unterstützung ist potenziell umweltschädlich.
Dieser Bericht präsentiert sektorale
Analysen zu Landwirtschaft und Fischerei,
Wasser, Energie und Verkehr und bietet
einen Kontrolllistenansatz zur Identifikation
und Beurteilung umweltschädlicher Sub-
ventionen. Außerdem werden die wichtigs-
ten Spannungen und Konflikte identifiziert,
die die politischen Entscheidungen zu
Subventionen beeinflussen können.

Sonstige Dokumente

**An OECD Framework for Effective and
Efficient Environmental Policies** (2008):
www.oecd.org/envmin2008

**Good Practices in the National
Sustainable Development Strategies of
OECD Countries** (2006):
www.oecd.org/sustainabledevelopment

**Agriculture and the Environment:
Lessons Learned from a Decade of
OECD Work** (2004):
www.oecd.org/tad/env

Literaturverzeichnis

Kapitel 1

Diamond, J. (2006), *Kollaps: Warum Gesellschaften überleben oder untergehen*, Fischer, Frankfurt.

Maddison, A. (2001), *Die Weltwirtschaft: Eine Millenniumsperspektive*, OECD Publishing, Paris.

OECD (2003), *Emerging Risks in the 21st Century: An Agenda for Action*, OECD Publishing, Paris.

OECD (2005), "Preserving Biodiversity and Promoting Biosafety", *OECD Policy Briefs*, OECD Publishing, Paris.

OECD (2007), "2007 Annual Report on Sustainable Development Work in the OECD", *www.oecd.org/dataoecd/38/21/40015309.pdf*.

OECD (2007), *Institutionalising Sustainable Development*, OECD Sustainable Development Studies, OECD Publishing, Paris.

UNDP (2007), *Bericht über die menschliche Entwicklung 2007/2008: Den Klimawandel bekämpfen: Menschliche Solidarität in einer geteilten Welt*, UNO-Verlag, Bonn.

Kapitel 2

OECD (2001), *Sustainable Development: Critical Issues*, OECD Publishing, Paris.

OECD (2006), "Advancing Sustainable Development", *OECD Policy Briefs*, OECD Publishing, Paris.

OECD (2007), "OECD Contribution to the United Nations Commission on Sustainable Development 15: Energy for Sustainable Development", *www.oecd.org/dataoecd/6/8/38509686.pdf*.

OECD (2008), "Gender and Sustainable Development: Maximising the Economic, Social and Environmental Role of Women", *www.oecd.org/dataoecd/58/1/40881538.pdf*.

Rollback Malaria Partnership (2008), Internetzugriff am 5. September 2008, *www.rollbackmalaria.org*.

UN Department of Economic and Social Affairs (1993), *Agenda 21: Earth Summit – The United Nations Programme of Action from Rio*, Division for Sustainable Development, United Nations Publications, New York.

WCED (Weltkommission für Umwelt und Entwicklung) (1987), *Unsere gemeinsame Zukunft: Der Brundtland-Bericht der Weltkommission für Umwelt und Entwicklung*, Eggenkamp Verlag, Greven.

Kapitel 3

IEA (Internationale Energie-Agentur) (2007), *World Energy Outlook: China and India Insights*, OECD Publishing, Paris.

IWF (Internationaler Währungsfonds) (2006), *Ghana: Poverty Reduction Strategy Paper Annual Progress Report*, IMF Country Report 06/226, Washington, D.C.

OECD (2006), *Fishing for Coherence: Proceedings of the Workshop on Policy Coherence for Development in Fisheries*, OECD Publishing, Paris.

OECD (2005), *Trade that Benefits the Environment and Development: Opening Markets for Environmental Goods and Services*, OECD Trade Policy Studies, OECD Publishing, Paris.

OECD (2005), "Preserving Biodiversity and Promoting Biosafety", *OECD Policy Briefs*, OECD Publishing, Paris.

OECD (2005), "Erklärung von Paris über die Wirksamkeit der Entwicklungszusammenarbeit", *www.oecd.org/dac/effectiveness/parisdeclaration*.

OECD (2006), *Trading Up: Economic Perspectives on Development Issues in the Multilateral Trading System*, OECD Trade Policy Studies, OECD Publishing, Paris.

OECD (2006), "Rahmen für gemeinsame Aktionen auf der Grundlage gemeinsamer Ziele", Tagung des Entwicklungsausschusses und des Ausschusses für Umweltpolitik der OECD auf Ministerebene, Paris, 4. April 2006.

OECD (2006), "Erklärung über die Einbeziehung der Anpassung an die Klimaänderung in die Entwicklungszusammenarbeit", Tagung des Entwicklungsausschusses und des Ausschusses für Umweltpolitik der OECD auf Ministerebene, Paris, 4. April 2006, *www.oecd.org/epocdacmin2006*.

OECD (2006), *Applying Strategic Environmental Assessment: Good Practice Guidance for Development Co-operation*, DAC Guidelines and Reference Series, OECD Publishing, Paris.

OECD (2007), *Entwicklungszusammenarbeit: Bericht 2007*, OECD Publishing, Paris.

OECD (2008), "Agriculture: Improving Policy Coherence for Development", *OECD Policy Briefs*, OECD Publishing, Paris.

OECD (2008), *OECD-Umweltausblick bis 2030*, OECD Publishing, Paris.

OECD und WTO (Welthandelsorganisation) (2007), "Aid for Trade at a Glance 2007", *www.oecd.org/dac/trade/aft*.

UNCTAD (Handels- und Entwicklungskonferernz der Vereinten Nationen) (2008), *Development and Globalization: Facts and Figures*, Vereinte Nationen, New York.

UNDP (Entwicklungsprogramm der Vereinten Nationen) (2000), *Millenniumsentwicklungsziele*, Vereinte Nationen, UN Millennium Summit, New York, 6.-8. September 2000.

UNDP (2007), *Bericht über die menschliche Entwicklung 2007/2008: Den Klimawandel bekämpfen: Menschliche Solidarität in einer geteilten Welt*, UNO-Verlag, Bonn.

UNDP (2008), "MDG Monitor: Tracking the Millennium Development Goals", *www.mdgmonitor.org/goal1.cfm*, Internetzugriff am 5. September 2008.

Kapitel 4

Bates, B.C., Z.W. Kundzewicz, S. Wu und J.P. Palutikof (Hrsg.) (2008), "Climate Change and Water", Technisches Papier des Zwischenstaatlichen Ausschusses für Klimaänderungen, IPCC-Sekretariat, Genf.

FAO (Ernährungs- und Landwirtschaftsorganisation) (2008), *UN FAO Fishstat database*, Capture Production 1960-2006 dataset, Internetzugriff am 3. September 2008, *www.fao.org/fifi /statist/FISOFT/FISHPLUS.asp*.

G8 (2005), "Kommuniqué: Klimawandel, saubere Energie und nachhaltige Entwicklung", G8 Gleneagles 2005, *www.g8.utoronto.ca/summit/2005gleneagles/communique.pdf*.

Gurría, A. (2007), "The Economics of Climate Change: The Fierce Urgency of Now", Rede auf der VN-Konferenz über Klimaänderungen, Bali, 12. Dezember 2007.

IEA (2008), *Energy Technology Perspectives 2008: Scenarios and Strategies to 2050*, OECD Publishing Paris.

Juniper Research (2008), "The 'Great Unbanked' to Drive Mobile Finance Market", Juniper Research, 17. Juni 2008, *www.juniperresearch.com*.

OECD (2006), "Good Practices in the National Sustainable Development Strategies of OECD Countries", *www.oecd.org/dataoecd/58/42/36655769.pdf*.

OECD (2008), *OECD-Umweltausblick bis 2030*, OECD Publishing, Paris.

OECD (2008), "Climate Change: Meeting the Challenge to 2050", *OECD Policy Briefs*, OECD Publishing, Paris.

OECD (2008), *Teaching Sustainable Development*, OECD Publishing, Paris, erscheint demnächst.

WCED (1987), *Unsere gemeinsame Zukunft: Der Brundtland-Bericht der Weltkommission für Umwelt und Entwicklung*, Eggenkamp Verlag, Greven.

Wray, R. (2008), "Cash in Hand: Why Africans are Banking on the Mobile Phone", *The Guardian*, 17. Juni 2008, *www.guardian.co.uk*.

Kapitel 5

Cobbing, M. (2008), "Toxic Tech: Not in our Backyard", Greenpeace International, The Netherlands, *www.greenpeace.org/raw/content/usa/press-center/reports4/toxic-tech-not-in-our-backyard.pdf*.

Nokia Corporation (2005), "Integrated Product Policy Pilot Project Stage I Final Report: Life Cycle Environmental Issues of Mobile Phones", Nokia, Ospoo, *http://ec.europa.eu/environment/ipp/pdf/nokia_mobile_05_04.pdf*.

OECD (2000), *Die OECD-Leitsätze für multinationale Unternehmen, Neufassung 2000*, OECD Publishing, Paris.

OECD (2006), *The Political Economy of Environmentally Related Taxes*, OECD Publishing, Paris.

OECD (2008), *Measuring Sustainable Production*, OECD Sustainable Development Studies, OECD Publishing, Paris.

OECD (2008), "Promoting Sustainable Consumption: Good Practices in OECD Countries", *www.oecd.org/dataoecd/1/59/40317373.pdf*.

OECD (2008), *Corporate responsibility*, Website der Direktion Finanz- und Unternehmensfragen, Internetzugriff im August 2008, *www.oecd.org/daf/investment/cr*.

University of Twente, UNESCO-IHE Institute for Water Education (2008), Water footprint website, *www.waterfootprint.org*, Internetzugriff am 28. August 2008.

World Resources Institute (2005), *Millennium Ecosystem Assessment: Ecosystems and Human Well-being*, Island Press, Washington, D.C.

WRAP (Waste & Resources Action Programme) (2008), Website, *www.wrap.org.uk*, Internetzugriff am 15. August 2008.

Kapitel 6

Barroso, J.M. (2007), "Beyond GDP: Opening Speech", Rede bei der internationalen Tagung Beyond GDP: Measuring progress, true wealth and the well-being of nations, Brüssel, 19. November, *www.beyond-gdp.eu/download/barroso_speech.pdf.*

Boarini, R., Å. Johansson und M.M. d'Ercole (2006), "Alternative Measures of Well-Being", *OECD Social Employment and Migration Working Papers*, No. 33, OECD Publishing, *doi: 10.1787/713222332167.*

Europäische Kommission (2008), SustainabilityA-Test, Sechstes Rahmenprogramm, Website, *www.SustainabilityA-Test.net.*

OECD (2005), *Handbook on Constructing Composite Indicators: Methology and User Guide*, Ausgabe 2005, OECD Publishing, Paris.

OECD (2004), *Measuring Sustainable Development: Integrated Economic, Environmental and Social Frameworks*, OECD Publishing, Paris.

OECD (2006), *Statistics, Knowledge and Policy: Key Indicators to Inform Decision Making*, OECD Publishing, Paris.

OECD (2007), *Statistics, Knowledge and Policy 2007: Measuring and Fostering the Progress of Societies*, OECD Publishing, Paris.

OECD (2008), *Conducting Sustainability Assessments*, OECD Sustainable Development Studies, OECD Publishing, Paris.

OECD (2008), *Handbook on Constructing Composite Indicators: Methodology and User Guide*, OECD Publishing, Paris.

OECD (2008), *Die OECD in Zahlen und Fakten 2008: Wirtschaft, Umwelt, Gesellschaft*, OECD Publishing, Paris.

OECD (2008), OECD Programme on Educational Building, Website, *www.oecd.org/edu/facilities,* Internetzugriff am 2. September 2008.

Ouroussoff, N. (2007), "Why are they greener than we are?", *New York Times Magazine*, 20. Mai 2007, *www.nytimes.com/2007/05/20/magazine/20europe-t.html?emc=eta1.*

Teachernet (2008), Sustainable Schools Website, *www.teachernet.gov.uk/sustainableschools*, Internetzugriff im August 2008.

UNECE/OECD/Eurostat Working Group on Statistics for Sustainable Development (2008), "Measuring Sustainable Development", erscheint demnächst.

US Green Building Council (2008), Website, *www.usgbc.org*, Internetzugriff im August 2008.

Walker, E. (2008), "Too cool for school: Britain's most Eco-friendly building", *The Independent,* 10. April 2008, *www.independent. co.uk/environment/green-living/too-cool-for-school-britainsmost-ecofriendly-building-806892.html.*

Kapitel 7

BBC News (2007), "Quick Guide: Biofuels", BBC News, 25. Januar 2007, *http://news.bbc.co.uk/1/hi/sci/tech/6294133.stm.*

Dickens, C. (1946), *Oliver Twist,* Deutsche Buchgemeinschaft, Berlin.

Harrabin, R. (2008), "EU rethinks biofuels guidelines", BBC News, 14. Januar 2008, *http://news.bbc.co.uk/1/hi/world/europe/7186380.stm.*

OECD (2003), *The Environmental Performance of Public Procurement: Issues of Policy Coherence,* OECD Publishing, Paris.

OECD (2004), "Agriculture and the Environment: Lessons Learned from a Decade of OECD Work", *www.oecd.org/dataoecd/15/28/33913449.pdf.*

OECD (2005), Environmentally Harmful Subsidies: Challenges for *Reform,* OECD Publishing, Paris.

OECD (2005), "Guiding principles for regulatory quality and performance", *www.oecd.org/dataoecd/3/51/36328053.pdf.*

OECD (2006), *Competitive Cities in the Global Economy,* OECD Territorial Reviews, OECD Publishing, Paris.

OECD (2006), *Subsidy Reform and Sustainable Development: Economic, Environmental and Social Aspects,* OECD Sustainable Development Studies, OECD Publishing, Paris.

OECD (2006), *The Political Economy of Environmentally Related Taxes,* OECD Publishing, Paris.

OECD (2007), *Agricultural Policies in OECD Countries: Monitoring and Evaluation,* OECD Publishing, Paris.

OECD (2007), "Good Practices in the National Sustainable Development Strategies of OECD Countries", *www.oecd.org/dataoecd/58/42/36655769.pdf.*

OECD (2007), *Institutionalising Sustainable Development,* OECD Sustainable Development Studies, OECD Publishing, Paris.

OECD (2007), *Subsidy Reform and Sustainable Development: Political Economy Aspects,* OECD Sustainable Development Studies, OECD Publishing, Paris.

OECD (2008), "An Economic Assessment of Biofuel Environmental Policies", *www.oecd.org/dataoecd/19/62/41007840.pdf.*

OECD (2008), *Environmental Performance of Agriculture at a Glance*, OECD Publishing, Paris.

OECD (2008), *Power to the People? Building Open and Inclusive Policy Making*, OECD Publishing, Paris, erscheint demnächst.

Rosenthal, E. (2008), "Once a Dream Fuel, Palm Oil May Be an Eco-Nightmare", *The New York Times*, 31. Januar 2008, *www.nytimes.com/2007/01/31/business/worldbusiness/31biofuel.htm*

Sinclair, U. (1974), *Der Dschungel*, Aufbau-Verlag Berlin, Weimar.

Swedish Ministry of the Environment (2004), *A Swedish Strategy for Sustainable Development:Economic, Social and Environmental*, Government communications 2003/04:129, *www.sweden.gov.se/content/1/c6/02/52/75/98358436.pdf.*

UN Department of Economic and Social Affairs (1993), *Agenda 21: Earth Summit – The United Nations Programme of Action from Rio*, Division for Sustainable Development, United Nations Publications, New York.

Design: Rampazzo

Satz: SGProduction

Fotos:

Titelbild: © florintt – Fotolia.com
Fotos: S. 8-9 © Comstock/Corbis
S. 20-21 © 2008 JupiterImages Corporation
S. 36-37 © 2008 JupiterImages Corporation
S. 76-77 © 2008 JupiterImages Corporation
S. 98-99 © Philip J Brittan/Photographer's Choice RF/Gettyimages
S. 114-115 © Comstock/Corbis

OECD PUBLICATIONS, 2, rue André-Pascal, 75775 PARIS CEDEX 16
PRINTED IN FRANCE
(01 2008 12 5 P) ISBN 978-92-64-04778-5 – No. 56896 2009